KB167415

_____ 학교 ____ 학년____반_____ 의 책이에요.

신나는 **교과 체험학습** 시리즈 이렇게 활용하세요!

'체험학습'이란 책에서나 수업 시간에 배운 지식을 실제 현장에서 직접 경험해 보는 공부 방법이에요. 단순히 전시된 물건을 관람하거나 공연을 보는 것이 아니라 학습을 하기 전에 미리 필요한 정보를 조사하는 것까지를 포함한 모든 활동을 의미해요. 어떻게 공부할 것인지를 준비하면 그렇지 않은 경우보다 훨씬 더 많은 것을 보고 느끼게 되겠지요. 이 책은 체험학습을 하려는 어린이들에게 좋은 길잡이 역할을 할 거예요.

❶ 가기 전에 읽어 보세요

이 책은 체험학습 현장을 어린이들이 쉽게 이해할 수 있도록 풀이한 안내서예요. 어린이들이 직접 체험학습 현장을 찾아가는 데 필요한 정보가 들어 있어요. 체험학습 현장을 가기 전에 꼼꼼히 읽어 보세요.

❷ 현장에서 비교해 보세요

창경궁과 관련된 흥미 진진한 역사 이야기, 그리고 궁궐에 살았던 사람들의 이야기를 현장 사진과 함께 풀어 놓았어요. 책에서 본 것들을 현장에서 직접 확인해 보는 동안, 잘 이해가 되지 않았던 것들이 자연스럽게 이해가 될 거예요.

❸ 스스로 활동해 보세요

이 시리즈는 단지 지식을 전달하기 위한 교양서가 아니에요. 어린이 여러분이 교과서로 수업 시간에 배운 내용을 실제 현장에서 직접 체험하며 익힐 수 있도록 다양한 활동 내용을 담았지요. 책 중간이나 뒷부분에 이해를 돕기 위한 활동이 있으니 꼭 스스로 정리해 보세요.

❹ 견학 후 활동이 다양해요

체험학습 후에는 반드시 견학 후 여러 가지 활동을 해 보세요. 보고서 쓰기, 신문 만들기, 그림 그리기 등을 통해 체험학습에서 보고 들은 내용을 다시 한번 정리하면 알찬 체험학습이 될 거예요.

신나는 교과 체험학습 27

조선의 역사가 깃든 궁궐 창경궁

초판 1쇄 발행 | 2007. 6. 20.
개정 3판 6쇄 발행 | 2023. 11. 10.

글 손용해 | 그림 정다이 이종호

발행처 김영사 | **발행인** 고세규
등록번호 제 406-2003-036호 | **등록일자** 1979. 5. 17.
주소 경기도 파주시 문발로 197(우10881)
전화 마케팅부 031-955-3100 | 편집부 031-955-3113~20 | 팩스 031-955-3111

© 손용해, 2007
이 책의 저작권은 저자에게 있습니다. 저자와 출판사의 허락 없이 내용의 일부를 인용하거나
발췌하는 것을 금합니다.

값은 표지에 있습니다.
ISBN 978-89-349-9633-0 64000
ISBN 978-89-349-8306-4 (세트)

좋은 독자가 좋은 책을 만듭니다. 김영사는 독자 여러분의 의견에 항상 귀 기울이고 있습니다.
전자우편 book@gimmyoung.com | 홈페이지 www.gimmyoungjr.com

어린이제품 안전특별법에 의한 표시사항
제품명 도서 제조년월일 2023년 11월 10일 제조사명 김영사 주소 10881 경기도 파주시 문발로 197
전화번호 031-955-3100 제조국명 대한민국 ⚠주의 책 모서리에 찍히거나 책장에 베이지 않게 조심하세요.

조선의 역사가 깃든 궁궐

창경궁

글 손용해 그림 정다이 이종호

주니어김영사

차례

창경궁에 가기 전에

미리 준비하세요

1. 준비물 수첩, 필기도구, 사진기,
《창경궁》 책

2. 옷차림 체험학습을 갈 때에는 가볍고 편한 옷차림이 좋아요. 창경궁은 야
외이므로 날씨에 맞춰 잘 챙겨 입어야 하겠지요?

미리 알아 두세요

관람 시간	매표/입장시간	관람시간
	09:00~20:00	09:00~21:00

쉬는 날 매주 월요일

관람료 어른 1,000원

만 18세 이하 및 만 65세 이상 국민은 무료에요.

기타정보 창경궁에 대해 자세히 알고 싶다면, 궁궐을 설명해 주는
견학 프로그램을 활용하세요. 옥천교 앞에서 시작하는
창경궁 견학 프로그램을 1시간가량 진행한답니다.
시간은 계절과 요일에 달라질 수 있으니, 홈페이지를
꼭 참고하세요.

문의 전화 (02) 762-4868 / 홈페이지 http://cgg.cha.go.kr

주소 서울 종로구 창경궁로 185

가는 방법 지하철 4호선 혜화역 4번 출구로 나와 성균관대학교
방면으로 300미터 정도 걸어가요. 횡단보도를 건너
국립서울과학관을 지나면 바로 창경궁이에요.

*관람 시간 및 관람료는 변경될 수 있으니 창경궁 홈페이지에서 다시 한 번 확인하세요.

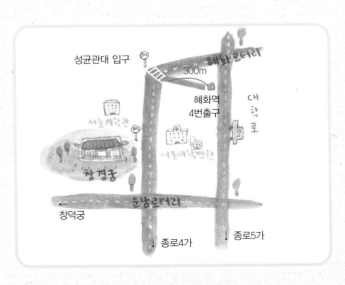

弘化門

창경궁은요 ……

오늘 여러분의 발길이 머문 이곳은 창경궁이에요. 창경궁은 경복궁, 창덕궁에 이어 세 번째로 지은 조선 시대의 궁궐이랍니다.

창경궁은 왕을 위한 궁궐이 아니라 왕실의 웃어른을 편하게 모시려고 세운 궁궐이에요. 그래서 창덕궁과 담을 사이에 두고 붙어 있지요. 창덕궁의 별궁이라고 할 수 있어요. 창덕궁의 별궁이었지만, 창경궁은 파란만장했던 조선의 역사를 그 어느 궁궐보다 고스란히 담고 있답니다.

창경궁을 돌아보면 여러분은 조선 시대 왕들의 깊은 효심을 느낄 수 있을 거예요. 물론 조선의 아픈 역사가 우리 궁궐에 어떻게 스며 들었는지도 알게 될 거예요. 모든 것을 알려면 창경궁의 겉모습만 볼 게 아니라 그 속에 담긴 이야기에 귀를 기울여야 해요.

자, 그럼 지금부터 창경궁에 서려 있는 이야기 속으로 여행을 떠나 볼까요?

조선, 새로운 중흥을 꿈꾸다

임진왜란이 끝난 지 얼마 되지 않아 청나라가 조선에 쳐들어왔어요. 조선은 병자호란이라는 큰 난리를 다시 겪어야 했지요. 병자호란 후 조정에서는 나라를 지킬 필요성을 절실히 느끼게 되었어요. 새로운 군대를 만들어 국력을 튼튼히 하고, 힘겹게 사는 백성을 위해 세금 제도를 고치는 등 어수선한 사회를 바로 세우려고 노력했어요. 백성들도 전쟁으로 엉망이 된 나라를 되살리기 위해 열심히 일했어요. 그리하여 조선은 거듭된 전쟁의 후유증을 점차 이겨낼 수 있었어요.

그러나 서로 도우며 나랏일을 함께 의논해야 할 벼슬아치들이, 나라와 백성을 돌보지 않고 서로의 주장만 고집하며 자꾸 싸우기 시작했어요. 이런 사회를 비판하고, 어지러운 세상에 불만을 가진 사람들이 생겨났어요. 벼슬아치들의 싸움이 나라와 백성을 힘들게 한다는 사실을 일찍부터 깨달은 영조와 정조는 이 문제를 해결하기 위해 노력했어요. 백성들을 위해 암행어사를 전국에 보내어 탐관오리를 처벌하였으며, 몸소 도성 밖으로 나가 백성들의 어려움을 해결해 주었어요.

특히 정조는 궁궐에 연구 기관인 규장각을 두고 실력있는 학자들을

		인조반정으로		소현세자가	흉년에 전염병이		
광해군이	허준이	광해군이		서양과학기술을	돌아 전국에서	숙종이	장길산이
왕위에	《동의보감》	왕위에서	병자호란이	배워 청나라에서	1만 명이	왕위에	민란을
올랐어요.	을 썼어요.	쫓겨났어요.	일어났어요.	귀국했어요.	죽었어요.	올랐어요.	일으켰어요.
1608년	1610년	1623년	1636년	1645년	1671년	1674년	1697년

*동궐도(국보249호) 동궐도는 19C초 창덕궁과 창경궁을 그린 그림이에요.

적극 지원했어요. 그들 가운데는 청나라의 새로운 과학 기술과 문물을 받아들여 조선을 강한 나라로 만들어야 한다고 주장하는 학자들도 있었어요. 또한 나라가 발전하기 위해서는 상공업을 발달시키고, 잘못된 사회 제도와 관습을 고쳐야 한다고 생각하는 실학자들이 많이 나타났어요. 이들의 주장은 대부분 백성들의 삶을 풍족하게 하고, 조선을 잘 사는 나라로 만들어야 한다는 것이었지요. 그중 정약용은 실학 사상을 하나로 완성한 실학자예요.

조선 후기에는 농사 기술이 발달하고 다양한 농작물을 재배하면서 재산을 많이 모으는 백성들도 생겨났어요. 농업뿐 아니라 모든 산업이 활기를 띠었지요. 또한 실학 사상과 새로운 지식이 널리 퍼지면서 여러 가지 학문과 예술이 꽃을 피웠어요. 특히 백성들의 마음을 담은 탈춤과 판소리, 한글 소설 등 서민 문화가 발달했어요. 사회가 변화하면서 신분 질서도 점차 무너졌어요. 부자인 평민들은 양반 족보를 사서 양반 행세를 했고, 가난한 양반들은 평민과 다를 바 없는 신세가 되었지요. 이러한 현상으로 양반의 권위는 무너지고, 해방된 노비가 생기는 등 조선 후기에 신분 변화가 두드러졌어요.

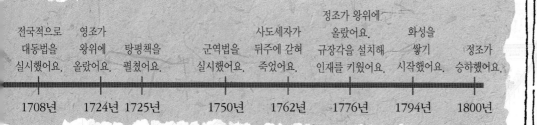

전국적으로 대동법을 실시했어요.	영조가 왕위에 올랐어요.	탕평책을 펼쳤어요.	군역법을 실시했어요.	사도세자가 뒤주에 갇혀 죽었어요.	정조가 왕위에 올랐어요. 규장각을 설치해 인재를 키웠어요.	화성을 쌓기 시작했어요.	정조가 승하했어요.
1708년	1724년	1725년	1750년	1762년	1776년	1794년	1800년

한눈에 보는 창경궁

안내도를 보니 창경궁이 한눈에 다 보이네요. 옛날에는 창경궁의 건물들이 빼곡했지만,
지금은 남아 있는 건물이 얼마 되지 않아요.

일제 강점기를 거치면서 창경궁의 많은 건물이 훼손되었기 때문이지요.

그런데 안내도를 보면 창경궁이 다른 궁궐과 다른 게 있어요. 무엇일까요?

맞아요. 창경궁은 동쪽을 바라보고 있다는 거예요.

조선 시대의 궁궐 중 유일하게 동쪽을 향하도록 건물을 지었어요.

왜 창경궁은 동쪽을 향해 건물을 지었을까요?

그 궁금증을 해결하러 창경궁으로 출발해요.

외전
왕이 나랏일을 돌보는 곳이에요.
공식적인 국가 행사나 조회가 이
루어지는 명정전, 왕이 신하들과
함께 나랏일을 의논하는 곳인 문
정전이 있어요.

← 종묘가는 길

율곡로

⑨ 경춘전
⑪ 통명전
양화당
⑧ 함인정
⑩ 환경전
⑤ 숭문당
⑥ 문정전
④ 명정전
⑦ 관천대
③ 명정문
옥천교
홍화문 ①
선인문

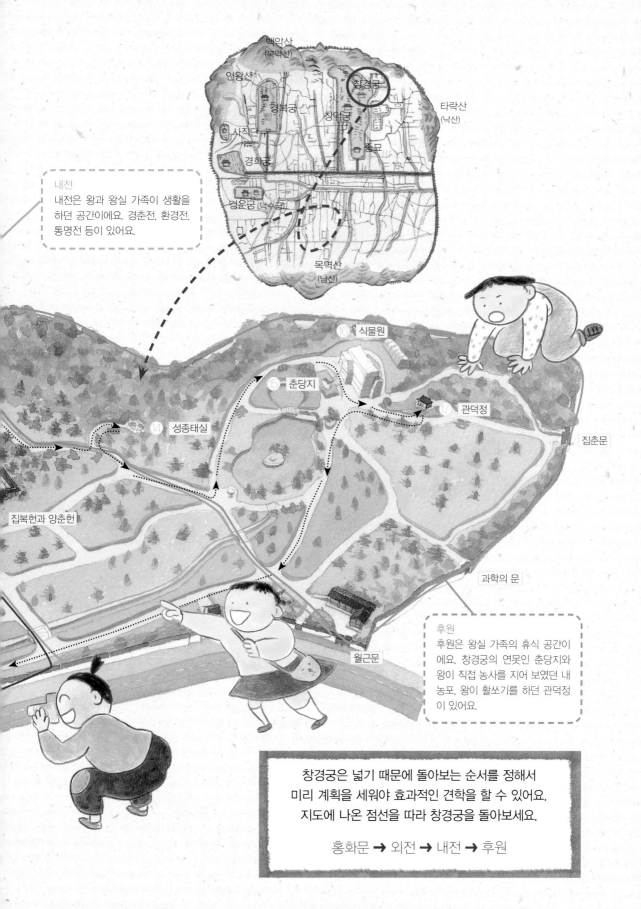

내전
내전은 왕과 왕실 가족이 생활을 하던 공간이에요. 경춘전, 환경전, 통명전 등이 있어요.

후원
후원은 왕실 가족의 휴식 공간이에요. 창경궁의 연못인 춘당지와 왕이 직접 농사를 지어 보였던 내농포, 왕이 활쏘기를 하던 관덕정이 있어요.

창경궁은 넓기 때문에 돌아보는 순서를 정해서 미리 계획을 세워야 효과적인 견학을 할 수 있어요. 지도에 나온 점선을 따라 창경궁을 돌아보세요.

홍화문 ➜ 외전 ➜ 내전 ➜ 후원

창경궁 가는 길

　조선의 옛 궁궐을 둘러보면 어떤 생각이 드나요? 한때 왕이 나라를 다스렸던 곳인데 지금은 옛 자취만 남아 쓸쓸하게 느껴지나요? 그러나 궁궐은 오랜 시간을 지내 오면서 수많은 역사와 문화를 품고 있어요. 그곳에서 경사스러운 일을 치렀는가 하면, 전쟁과 침략으로 수난을 당했던 일도 있었지요. 또 나라와 왕을 위해 세운 건축물이 있어요. 그래서 궁궐을 둘러보는 일은 우리 역사와 조상들의 마음을 알고 되새기는 일이에요.

　이제 우리는 오랫동안 한 자리에서 숱한 역사의 시간을 살아온 궁궐로 가요. 궁궐 곳곳에 깃든 조선의 역사와 문화를 찾아보며, 조상이 남긴 자취를 찾아보아요. 그러면 궁궐은 여러분에게 살아 있는 역사의 현장으로 다가올 거예요.

　창경궁에 가다보면 긴 돌담을 볼 수 있어요. 그 돌담은 조선 시대에 창경궁뿐 아니라 창덕궁과 종묘까지도 아우르는 담이었지요. 특히 창경궁과 창덕궁은 함께 동궐로 불렀어요. 그런데 창덕궁이 있는데도, 바로 옆에 창경궁을 세운 까닭은 무엇일까요?

　과연 창경궁은 어떤 궁궐인지 지금부터 알아보도록 해요.

궁궐은 어떤 곳일까요?

왕이 사는 궁궐

궁궐이란 한자를 풀어 보면, 집 궁(宮), 대궐 궐(闕)이에요. 즉, 담장을 두른 큰 집이란 뜻이지요. 궁궐은 한 나라의 최고 권력자가 사는 만큼 웅장하고 화려하게 지었어요. 나라의 번영과 왕실의 권위를 드높이기 위해서이지요. 그만큼 나라 안에서 좋은 재료와 최고의 기술자들을 동원해 가장 아름다운 모습으로 세웠답니다. 또한 궁궐은 일반 백성은 함부로 드나들 수 없는 곳이었어요. 높은 담장이 둘러진 별세계였어요.

우리가 지금 돌아보려는 창경궁은 조선 시대의 궁궐이에요. 궁궐이란 어떤 곳일까요? 궁궐이 어떤 곳인지 알려면 우선 궁궐에서는 어떤 일들이 있었는지 알아 보아야 해요.

궁궐은 왕이 나랏일을 하는 곳이에요. 백성을 잘 살펴 태평성대를 이루기 위해 왕과 신하들이 머리를 맞대고 의논을 하고, 좋은 <u>군주</u>가 되기 위해 열심히 공부를 하기도 했지요. 또한 나라의 큰 행사를 치르는 곳이기도 해요. 왕위에 오르는 즉위식과 외국 사신을 맞이하는 일 등 모두 궁궐에서 이루어졌답니다.

그렇다고 궁궐에서 나랏일만 돌본 것은 아니에요. 궁궐에는 왕실 가족이 사는 생활 공간과 휴식을 위한 후원도 있거든요. 그렇다면 궁궐에는 누가 살았을까요? 궁궐에는 왕의 가족이 살았어요. 궁궐에서 가장 으뜸인 왕과 왕비, 왕의 어머니인 대비, 그리고 왕자와 공주가 함께 살았지요.

✎ **군주**
나라를 다스리는 최고 지위에 있는 사람이에요. 왕의 다른 호칭이지요.

✿ 궁궐에서 하는 일

나라의 공식 행사가 열렸어요
왕위에 오르거나 왕의 결혼식을 치르거나, 또는 외국의 사신을 맞는 등 큰 공식 행사가 이루어졌어요.

나랏일을 돌보았어요
궁궐에는 궐내각사라는 관청이 있었어요. 신하들이 이곳으로 출근해 나라의 중요한 일을 의논하고 결정했답니다.

왕실 가족 외에 또 다른 궁궐 식구가 있었어요. 주로 왕실 가족의 생활을 돌보는 사람들이에요. 궁궐을 지키는 수문장과 수비대, 왕실 가족의 건강을 돌보는 내의원의 의원, 왕실 가족의 시중을 들던 환관과 궁녀들이지요. 그리고 나랏일을 하는 벼슬아치들은 궁궐로 출근하며

창경궁은 많이 훼손되었고 주인도 없어 휑하지만, 조선의 역사와 전통 문화가 고스란히 간직된 유적지랍니다.

왕을 도와 백성과 나라를 위해 연구하고 토론했어요. 이처럼 궁궐은 정치를 하는 곳이기도 하지만, 왕과 왕실 가족이 사는 집, 그리고 여러 관청이 모인 곳이라고 할 수 있어요.

그러나 지금의 궁궐은 어떤가요? 왕실 가족이나 그들을 돌보던 사람은 흔적도 없고, 옛날 건물 일부만 남았을 뿐이에요. 하지만 상상력이 풍부한 여러분은 이제부터 들려주는 창경궁의 이야기에 흥미를 갖게 될 거예요.

내의원
궁중에서 의약을 맡아 보던 관아예요.

장차 나라를 짊어질 세자를 교육했어요
왕위를 이을 세자는 군주의 자질을 기르기 위해 끊임없이 교육받았어요. 궁궐에서 행해지는 중요한 일 중 하나예요.

왕과 왕실 가족이 머물렀어요
궁궐은 왕과 왕실 가족이 생활하는 공간이기도 해요. 왕은 가족과 함께 궁궐에 살며 나라를 돌보았어요.

소박한 궁궐, 창경궁

수강
오래 오래 건강하게 살라는
뜻이에요.

상왕
왕위를 물려주고 뒤로 물러
난 임금을 이르는 말이에요.

화려하고 웅장한 경복궁과 창덕궁에 비하면 창경궁은 규모도 작고 건물도 많지 않아 소박해요. 같은 궁궐인데, 왜 그럴까요? 그것은 처음 창경궁을 세울 때 왕이 살려고 지은 것이 아니었기 때문이에요.

창경궁은 원래 수강궁이었어요. 세종이 아버지인 태종을 위해 지은 궁궐이지요. 상왕이 된 태종이 남은 생애를 편안하게 지낼 수 있도록 말이에요. 그리고 태종이 죽고 빈 궁궐이었던 수강궁을 성종이 고쳐 지었어요. 당시 성종은 세 분의 대비를 모셨어요. 할머니인 세조의 비 정희 왕후, 어머니인 소혜 왕후, 그리고 예종의 비인 작은 어머니 안순 왕후를 모셨거든요. 이렇게 왕실 어른들이 많아지자 경복궁과 창덕궁의 생활 공간이 좁아졌어요. 그래서 정희 왕후가 성종에게 자신의 거처를 수강궁으로 옮기겠다고 했죠.

하지만 한동안 쓰지 않았던 수강궁은 너무 낡고 초라했어요. 효심이 깊었던 성종은 세 분의 어른을 그런 곳에서 살게 할 수 없었지요. 창덕궁을 수리해서 모시고 싶었지만 사정이 여의치 않아 창덕궁 대신 수강궁을 고친 거예요. 그리고 수강궁에 '창경궁'이라는 새로운 이름도 붙였어요.

조선의 다른 궁궐

경복궁
조선을 대표하는 궁궐이에요.
조선 건국 때 세워졌는데, 임진
왜란 때 불에 탄 것을 흥선대원
군이 다시 지었어요.

창덕궁
임진왜란 때 경복궁이 불에 타
버리자 법궁의 역할을 했어요.
창경궁과 더불어 동궐이라고
불렸어요.

경운궁
덕수궁으로 알려진 경운궁은
남쪽에 있는 이궁이에요. 임진
왜란 때 잠시 행궁으로 쓰다가
궁궐이 되었어요.

경희궁
경희궁은 경복궁 서쪽에 있어
'서궐'이라고 불렸어요. 일제
강점기 때 많이 훼손되어 지금
은 흔적만 남아 있어요.

창경궁은 여성들이 주로 생활하던 곳이라서 다른 궁궐에 비해 외전보다 생활 공간인 내전이 넓었어요. 그래서 외전의 규모나 정전의 방향, 조정에 이르는 문의 개수 등도 다른 궁궐과는 달리 전체적으로 소박하고 아담했어요.

그러다 임진왜란을 겪으면서 법궁인 경복궁을 비롯한 한양의 모든 궁궐이 불에 타게 되었어요. 이때 경복궁의 터가 좋지 않아 임진왜란이 일어났다고 생각한 조정에서는 경복궁 대신 창덕궁과 창경궁을 다시 지었어요. 그래서 창덕궁이 법궁이 되면서 창경궁은 법궁을 보완하는 이궁이 되었어요. 그런데 일제 강점기 때 창경궁은 큰 수난을 당하게 되었어요. 무슨 일이 있었던 것일까요?

창경궁
창경궁은 생활공간이 돋보이는 궁궐이에요. 여성들이 주로 머무는 궁이었기 때문에, 정치 공간인 명정전은 다른 궁궐의 정전에 비해 크지 않아요.

🖌 **법궁**
법궁은 왕이 나랏일을 돌보며 주로 사는 궁궐을 말해요.

🖌 **이궁**
이궁은 화재나 전염병 등 여러 가지 일을 대비해서 지은 궁궐이에요.

여기서
잠깐!

동궐도로 창경궁의 옛 모습을 살펴보아요.

오늘날의 창경궁은 중요했던 건물만 남고 많은 부분이 훼손되었어요. 그런데 동궐도를 보면 옛 창경궁의 모습을 상상해 볼 수 있지요. 친구들의 이야기에 귀기울이며 옛 창경궁의 모습을 살펴보아요.

창경궁은 외전보다는 내전 건물들이 훨씬 많아.

곳곳에 우물이 보이고, 장을 담은 항아리가 보이네.

지금은 사라진 자경전 건물도 보여!

지금과 비교하면 조선 시대에는 창경궁에 많은 건물이 있었네.

창덕궁 인정전

창경궁 명정전

창경궁의 역사, 동궐도 《동궐도》, 19C 초, 고려대학교 박물관
동궐도는 창덕궁과 창경궁을 그린 아주 큰 그림이에요. 동궐도는 가로 584센티미터, 세로 273센티미터나 돼요. 아주 세밀하고 자세히 그려져 있어서 오늘날 궁궐을 공부하는 데 아주 중요한 자료로 쓰인답니다.

역사의 상처가 스미다

우리는 한때 일본으로부터 주권을 빼앗기고 많은 것을 잃었어요. 그 중에 하나가 창경궁의 본래 모습이에요.

1907년 일본은 고종을 황제의 자리에서 끌어내리고 순종을 황제로 앉혔어요. 그때부터 고종은 경운궁에서, 순종은 창덕궁에서 따로 떨어져 살아야 했어요. 순종은 아버지 고종과 떨어져 지내야 하는 외로움과 바람 앞의 촛불처럼 위태로운 나라를 걱정하며 쓸쓸한 나날을 보냈어요. 그러자 일본은 순종을 위로한다는 명목을 내세워 한 나라의 궁궐인 창경궁을 제멋대로 바꾸어 버리지요.

바로 창경궁에 동물원을 꾸민 것이었어요. 원래 보루각이 설치되어 있던 곳에 동물원을 짓고 호랑이, 곰, 사슴, 학 같은 동물들을 기르기 시작했어요. 창경궁이 동물원이 되자 궁궐의 위엄은 그야말로 땅에 떨어지고 말았어요. 이뿐이 아니에요. 일본은 창경궁에서 가장 높은 곳에 위치했던 자경전을 헐고 일본식 건물인 장서각을 지어 왕실 박물관으로 사용했어요. 그리고 창경궁 후원을 일본식 정원으로 바꾸고 식물원까지 만들고 말았지요.

장서각

장서각은 정조가 어머니인 혜경궁 홍씨를 위해 지었다는 자경전을 헐고 세운 일본식 건물이에요. 왕실박물관 겸 도서관으로 사용되었는데, 장서각에 보관되어 있던 책들은 주로 왕실과 관계된 귀중한 자료들이었어요. 훗날 장서각이 철거되면서 그 안에 보관되었던 책들은 한국정신문화연구원으로 옮겨져 '장서각 도서'로 불리고 있어요.

위엄
존경할 만큼 점잖고 품위있는 태도나 기운을 말해요.

창경궁이 창경원이었던 시절의 모습

1930년대 꽃밭이 된 명정전 (서울시립대학교 박물관)
명정전 앞 품계석은 모두 뽑히고 모란꽃 밭이 되어 있는 모습이에요.

옛 춘당지 (이재형)
1968년 4월 춘당지에서 뱃놀이를 즐기고, 케이블카가 운행되는 모습이에요.

창경궁 어원박물관(장서각) (서울시립대학교 박물관)
자경전터에 일본식 건물이 들어서 있는 모습이에요.

여기서 끝난 게 아니었어요. 1911년 4월에는 동물원과 식물원을 통틀어 창경원이라는 이름을 붙여 버렸어요. 왕과 왕실의 가족이 살던 '궁'이 누구나 쉽게 들어가 놀 수 있는 놀이공원의 뜻인 '원'으로 바꾸어 버린 것이죠.

온갖 짐승들이 뛰어놀고 일본의 상징인 벚꽃이 가득한 그곳에서 조선의 백성들은 대한제국과 왕실을 점점 잊어 갔어요. 바로 일본이 의도했던 일이었지요. 궁궐의 위엄을 떨어뜨려서 나라를 향한 조선 백성들의 정신을 지배하려 했던 것이에요. 이렇게 창경궁에는 슬픈 역사가 스며 있답니다.

다행히 1984년 복원 사업으로 창경궁은 창경원 대신 본래의 이름을 찾아 위엄 있는 궁궐로 다시 태어났어요. 자, 그럼 이제부터 소박하지만 아름다운 궁궐의 모습을 찾아 창경궁으로 들어가 볼까요?

유적지의 제 이름

창경궁은 위엄 있는 제 이름을 놔두고 놀이동산으로 전락하면서 창경원으로 불리웠어요. 이처럼 일제 강점기를 거치면서 훌륭한 우리의 문화유산들이 제 이름을 잃어버린 경우가 많아요. 예를 들면, 숭례문이 그래요. 예의를 높이는 문이라는 근사한 이름을 놔두고, 한낱 방향을 가리키는 남대문이라는 이름으로 불리게 되었지요.

여기서 잠깐!

부모님이 기억하는 창경궁에 대해 인터뷰해 보세요.

어른 중에는 아직도 '창경궁'을 '창경원'으로 기억하는 분들이 많아요. 부모님의 어린 시절, 창경궁은 어땠는지 이야기를 나누고, 내용과 느낀 점을 아래에 써 보세요.

부모님이 기억하는 창경궁

_____

_____

인터뷰해 본 느낌

_____

_____

_____

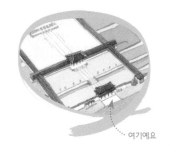

여기예요

창경궁의 정문, 홍화문

궁궐의 문을 지키는 수문장

조선 시대 궁궐에 들어가려면 꼭 만나야 하는 사람이 있었어요. 바로 수문장이에요. 조선 시대에는 왕의 건강과 안전이 곧 국가의 안전이라 생각해 왕이 사는 궁궐을 삼엄하게 보호했거든요. 수문장은 밤낮으로 궁궐의 문을 지키면서 문을 열고 닫는 일과 궁을 들고 나는 사람들을 감독하는 일을 했답니다. 이들은 하루 두 차례 교대로 근무했고, 근무 교대할 때는 장엄하게 수문장 교대 의식을 치르기도 했어요.

"이곳은 왕실의 위엄과 권위를 상징하는 대궐의 정문이오. 마음가짐을 단단히 하고 들어오시오."

홍화문 추녀 마루의 잡상이 창경궁 앞에 서 있는 우리에게 이렇게 말하는 것 같아요.

맞아요. 지금은 누구나 쉽게 궁궐에 들어갈 수 있지만, 예전에는 아무나 들어갈 수 없었지요. 조선에서 가장 존엄한 왕이 사는 곳이니 엄숙한 마음가짐이 필요한 곳이지요. 그런 마음으로 창경궁을 둘러봐요.

자, 이제 홍화문을 자세히 살펴볼까요. 붉은 색으로 멋지게 장식한 홍화문은 동쪽을 향해 서 있답니다. 보통 다른 궁궐의 정문은 남쪽을 향해 있는데, 왜 홍화문만 동쪽을 향해 나 있을까요? 그것은 창경궁이 위치한 지형 때문이에요. 건물이 남쪽을 향하는 것보다 동쪽을 향하는

창경궁의 정문 홍화문
홍화문은 창경궁의 정문이면서 왕이 백성을 만나거나 무과 시험을 치르는 곳이기도 했어요.

게 풍수지리상 훨씬 더 좋다고 여겼던 거예요. 뿐만 아니라 창경궁은 창덕궁의 보조 역할을 하는 궁궐로 창덕궁의 정문이 남쪽을 향해 있어 굳이 창경궁까지 남쪽으로 정문을 만들 필요가 없었지요.

창덕궁의 돈화문에 비해 규모는 작지만, 홍화문을 통해 왕과 백성이 만나기도 했어요. 영조 때의 일이지요. 영조는 백성들에게 세금 부담을 덜어 주기 위한 균역법을 시행하려고 했어요. 이때 신하들은 균역을 반대했어요. 영조는 하는 수 없이 관리 및 유생, 서울의 일반 백성을 모두 홍화문 앞에 모아 놓고 의견을 물었어요. 그리고 균역법을 찬성하는 백성들의 뜻에 따라 균역법을 실시할 수 있었어요. 또 홍화문 앞에서는 왕이 백성을 만난 일도 있어요. 정조가 어머니 혜경궁 홍씨의 회갑을 기념하여 홍화문에 직접 나가서 가난한 백성에게 쌀을 나눠 주기도 했답니다.

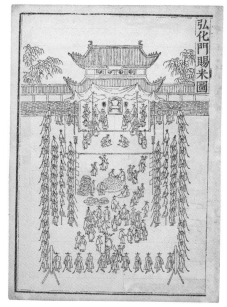

홍화문 사미도
《원행을묘정리 의궤》, 1795년, 서울대학교 규장각
정조가 어머니 혜경궁 홍씨의 회갑 때 홍화문 밖에서 가난한 백성들에게 쌀을 나누어 주는 장면이에요. 이렇게 홍화문은 다른 궁궐의 정문과는 달리 왕과 백성이 가까이 만날 수 있는 문이기도 했어요.

풍수지리
땅의 모양이나 바람과 물의 흐름, 그리고 방위의 좋고 나쁨을 따져서 사람에게 미치는 영향에 대해 연구하는 학문이에요.

여기서
잠깐!

궁궐 정문의 공통점을 찾아보세요.

홍화문과 다른 궁궐의 정문을 잘 살펴보면 공통점이 있어요. 보기에서 골라 보세요.

경복궁 광화문

창덕궁 돈화문

경운궁 인화문 (대한문)

경희궁 흥화문

1. 조선 5대 궁궐의 정문 이름에는 모두 ( )가 들어 간다. 이 글자는 번창하다는 뜻이에요.
2. 궁궐의 정문 입구문은 모두 ( )개예요. 가운데는 ( )이 드나드는 문이고, 왼쪽은 ( )이, 오른쪽은 ( )이 드나드는 문이에요.

보기　　수, 목, 화, 2, 3, 4, 무신, 왕, 문신

☞ 정답은 56쪽에

여기예요

자연수가 흐르는 금천과 옥천교

궁궐마다 금천이 흐르는 이유

우리 조상들은 가장 이상적인 장소에 건물을 지었어요. 바로 풍수지리상 산을 등지고 물을 바라보는 곳이지요. 이런 곳을 '배산임수'라 하며 가장 좋은 장소로 여겼어요. 궁궐에 금천을 만든 것은 궁궐을 그런 이상적인 장소로 만들기 위해서였어요. 궁궐은 대부분 산을 등지고 있지만 물은 바라보지 않지요. 그래서 일부러 물길을 내어 금천을 만든 것이랍니다.

홍화문을 지나니 작은 다리 하나가 눈에 띄네요. 명정문 앞을 가로질러 흐르는 금천 위에 세운 옥천교예요. 이 다리를 건너면 그때부터 왕이 사는 궁궐 안으로 들어가는 것이죠.

금천과 돌다리는 이곳을 건너면서 몸과 마음을 깨끗하게 하라는 의미를 담아 만든 것이에요. 이 외에 또 다른 이유가 있답니다. 궁궐에 있는 건물들은 대부분 나무로 만들었어요. 그러니 불을 가장 조심해야 했지요. 이를 대비해 항상 물을 준비해야 했어요. 금천이 소방수 역할도 해 늘 깨끗하게 관리되었지요.

옥천교 양 옆을 자세히 살펴볼까요? 도깨비 얼굴이 조각되어 있을 거예요. 이 조각상은 궁궐에 출입하는 사람들을 경계하고, 나쁜 기운이 궁궐에 들어오지 못하도록 하는 장치이지요.

옥천교와 명정문
창경궁은 다른 궁궐에 비해 조정으로 다다르는 문이 두 개밖에 되지 않는답니다. 옥천교는 세 갈래로 나뉘어 있으며, 돌난간에는 돌짐승이 있어요.

옥천교

여기서
잠깐!

금천을 지키는 상상 속의 동물을 찾아라.

나쁜 기운이나 잡귀를 막기 위해 다리에 조각상을 만들어 두었어요. 이렇듯 우리 조상들은 조각상 하나에도 의미를 담았는데, 창경궁 옥천교 양옆에서 금천을 지키는 조각상은 몇 번일까요? (   )

❶  ❷ ❸  ❹

도움말 | 도깨비 얼굴을 하고 있어요.

정답은 56쪽에

옥천교는 창경궁 안에서 유일하게 본래의 모습을 그대로 간직한 곳이에요. 어떻게 가능했을까요? 일본은 창경궁을 창경원으로 만들면서 이곳 금천과 옥천교를 흙으로 묻어버렸어요. 덕분에 금천과 옥천교는 제 모습 그대로 다시 세상에 나올 수 있었지요.

지금 여러분이 지나고 있는 옥천교는 조선 시대 성종이 넘나들던 때의 그 모습 그대로랍니다. 정말 대단하지요? 500년의 세월을 고스란히 간직한 곳에 서 있다니 말이에요. 더군다나 '구슬 같은 물이 흐르는 다리'인 옥천교에는 현재 남아 있는 다섯 궁궐 중에서 유일하게 자연수가 흐르고 있어요. 이 물은 오염되지 않은 창덕궁의 옥류천에서 내려와서 춘당지를 거쳐 이곳까지 흘러요. 이곳을 지난 금천은 청계천까지 흘러 간답니다.

자, 그럼 옥천교를 지나 창경궁 속으로 역사 여행을 떠나볼까요?

옥천교 난간의 돌짐승
옥천교의 양쪽 끝 난간의 돌짐승은 다리를 지나가는 사람들을 감시하듯 지켜보고 있어요. 얼굴 부분은 많이 닳았지만 귀여운 표정과 몸짓으로 창경궁을 지키고 있어요.

19

◀ 나랏일을 하는 정치 공간, 외전 ▶

해가 뜨기 전부터 왕의 하루는 시작돼요. 곤룡포를 차려입고 대비전에 아침 인사를 하러 갔지요. 이후부터 왕의 주업무인 나라를 다스리는 일이 이어져요.

그 첫 번째는 '경연'이에요. 경연은 신하들과 왕이 토론을 하며 성군이 되기 위해 끊임없이 노력하는 자리이지요. 나랏일은 왕 혼자 힘으로 되는 일이 아니거든요. 신하들과 의견을 나누고 좀 더 좋은 정책을 만들려고 했던 것이에요.

경연이 다 끝나면 전국에서 올라오는 사건, 사고에 대해 신하들과 의논하여 처리하고 각 기관을 통해 백성들에게 전달하기도 했어요. 왕의 하루는 조금도 쉴 틈이 없는 업무의 연속이었고, 이 모든 일이 이루어지는 곳이 바로 궁궐이에요.

이제 본격적으로 창경궁을 둘러볼 거예요. 가장 먼저 나랏일이 이루어지는 외전부터 보아요. 궁궐의 외전은 본래 정전인 법전, 왕의 사무실인 편전, 행정부서인 궐내각사로 나눠져 있었어요. 그런데 창경궁은 창덕궁을 보조하는 궁이어서 궐내각사도 없고, 외전의 규모도 작고 소박했어요. 자, 그럼 지금부터 정치의 중심이었던 명정전으로 발걸음을 옮겨 볼까요?

여기예요

창경궁의 정전, 명정전

정치의 중심, 정전

정전은 궁궐에서 가장 으뜸인 건물을 말해요. 왕과 신하가 만나는 장소이지요. 창경궁에서는 바로 명정전이에요. 조회가 열리고, 외국 사신을 맞이하는 곳이며, 왕의 즉위식이나 결혼식과 같은 국가의 공식적인 의식을 치르던 곳이지요. 이곳 정전의 앞마당은 조정이라고 해요. 조정에서 나라의 중요한 일들을 치르다 보니, 흔히 나랏일을 하는 곳이라는 뜻으로 쓰이기도 해요. 요즘의 정부를 가리킨답니다.

"문무백관을 조정으로 들라 하라."

이런 말을 하는 왕의 모습을 드라마나 영화에서 본 적 있을 거예요. 여기서 말하는 조정은 왕이 나라의 정치를 행하던 곳을 말해요. 창경궁에서 정치를 행하던 중심지가 바로 명정전이었어요.

'밝은 정치, 바른 정치, 현명한 정치를 편다.'는 뜻이 담긴 건물이지요.

그런데 명정전이 다른 궁궐의 정전과 다른 점이 있어요. 바로 명정전이 동쪽을 바라보고 서 있다는 것이에요. 홍화문이 동쪽으로 나 있기 때문에 명정전도 자연히 동쪽을 향해 세워진 것이에요. 성종은 창경궁이 동쪽을 향해 있기 때문에 나랏일을 보는 곳이 아니라고 했어요. 그렇다고 명정전이 정전으로 사용되지 않은 것은 아니랍니다. 인종은 명정전에서 즉위식을 올렸으니까요. 머리 속에 한번 그려 봐요. 장중한

명정전과 조정
명정전은 성종 때 세웠는데 임진왜란 때 불타 버렸어요. 그뒤 바로 다시 지어 지금까지 잘 보존되었어요. 다른 궁궐의 정전에 비해 규모는 작지만, 조선 5대 궁궐의 정전 중 가장 오래되었답니다.

용마루

잡상

월대

박석

답도의 판석

어도

품계석

음악이 흐르고, 명정전 앞에 모인 수많은 신하의 축하 속에 구장복을 차려 입은 인종이 왕 위에 오르는 모습을요.

그런데 동궐도에서 명정전을 보면 한 가지 재미있는 모습을 발견할 수 있어요. 명정전 앞 조정에 깐 박석이 동궐도와는 많이 다르지요. 성급히 창경궁을 복원하면서 박석의 본래 모습을 되살리지 못하는 실수를 하고 말았어요. 월대에 올라 조정을 내려다보며, 어떤 박석이 더 자연스러웠을지 한번 상상해 보아요.

명정전의 용상
용상은 왕의 권위를 상징하는 의자예요. 우리 조상들은 왕을 성스러운 동물인 용이라고 생각했기 때문에 왕과 관련된 물건에는 용을 붙였어요. 그래서 왕의 얼굴은 용안이고, 왕의 옷은 곤룡포이지요.

🖊 **구장복**
아홉 개의 무늬를 새겨 넣은 옷으로 왕의 대례복이에요. 대례복이란 즉위식이나 결혼식과 같은 큰 행사 때 입는 예복이랍니다.

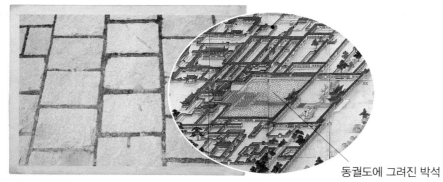

오늘날의 박석

동궐도에 그려진 박석

여기서 잠깐!

답도를 자세히 관찰해 보아요.

정전 건물로 올라가다 보면 월대에 널찍한 계단이 있어요. 바로 답도예요. 답도에는 돌로 만든 네모난 판석도 있답니다. 그런데 답도란 무엇일까요? 아래의 질문을 읽고, 답도를 관찰해 본 후 보기에서 답을 찾아보세요.

1. 답도란, 왕이 탄 이것이 지나가는 길이란 뜻이에요. 이것은 무엇일까요? (   )
2. 답도의 판석에 새겨진 한쌍의 동물은 상상속의 새랍니다. 왕이 태평성대를 이루면 나타난다는 이 새는 명정전 천장에도 있어요. 이것은 무엇일까요? (   )

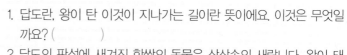

보기 용, 기린, 봉황, 말, 가마, 자동차

정답은 56쪽에

건물의 이름과 품격

건물을 세는 단위, 칸

한 칸, 두 칸이라는 말 들어보았나요? 여기서 '칸'은 건물의 기둥과 기둥 사이의 거리를 나타내는 단위로 보통 한 칸은 한 평을 말해요. 원래는 간(間)으로 불렸는데, 요즘에는 칸으로 불리고 있죠. 조선 시대에는 주인의 관직이 높고 낮음에 따라 집의 크기도 제한하는 법이 있었어요. 궁궐이 아닌 개인 주택은 아무리 신분이 높은 양반이라도 99칸을 넘길 수 없었죠. 이렇듯 주택의 크기를 '칸'으로 정한 것은 신분에 따른 차별 때문이기도 했지만, 신분에 맞는 집을 지님으로써 불필요한 사치를 막기 위한 제도이기도 했답니다.

4칸 건물

조선 시대는 신분의 차이가 명확한 사회였어요. 그래서 궁궐의 건물에도 신분이 있었어요. 2층짜리 건물이면 신분이 높고, 1층짜리 건물이면 신분이 낮았을까요? 그것은 아니에요. 궁궐의 건물에서 신분은 그 건물의 쓰임에 따라 결정됐어요. 궁궐에는 왕과 왕비, 공주와 왕자, 수비대, 환관, 궁녀, 무수리에 이르기까지 여러 계층의 사람들이 궁궐에서 살고 있었는데, 건물을 사용하는 사람의 신분에 따라 건물 이름도 달랐어요.

그래서 건물 이름의 마지막 글자를 보면 그 건물을 어느 신분의 사람들이 주로 사용하고 또 어떤 기능을 하는지 알 수 있지요. 옛 건물 이름의 끝 글자는 보통 '전(殿)당(堂)합(閤)각(閣)재(齋)헌(軒)누(樓)정(亭)' 등으로 이루어졌어요.

우선 '전'은 왕과 왕비가 머무는 공간, 또 왕의 어머니나 할머니가 사는 건물에 붙였어요. '전'이 붙은 건물은 궁궐의 어떤 건물보다 규모도 크고 위엄도 있었어요. 왕의 아들인 대군이나 군이 머무는 곳에는 한 단계 아래인 '당'자를 붙였는데, '당'은 '전'과 규모는 비슷하지만 조금 격이 낮은 건물이었어요.

그 다음 '합'과 '각'은 '전'과 '당'의 부속 건물이고 왕실의 나머지 가족들은 '재'가 들어간 건물에서 살았어요. 그 다음 '헌'은 주로 일을 하는 건물로 대청마루가 발달했지요. 사람 키보다 높은 마루방이나 2층으로 되어 있는 건물에는 '누'를 붙였어요. 그 보다 작은 건물은 '정'이라고 했죠.

이렇듯 건물에는 나름대로의 질서가 있었고, 이 질서는 유교 문화를 바탕으로 이루어져 있어요.

문정전   숭문당   영춘헌   함인정

학문의 전당, 숭문당

여기예요

정전인 명정전 뒤로 돌아가 보아요. 그럼, 숭문당이라는 건물이 보일 거예요. 숭문당은 '학문을 숭상하는 집'이라는 뜻을 가지고 있어요. 우리 나라의 궁궐에는 학문을 연구하고 공부하는 곳이 꼭 있었어요. 왜냐하면 왕들은 백성과 나라를 잘 다스리기 위해 늘 공부해야 했기 때문이에요.

학문을 숭상하고 우수한 인재를 많이 키워 내려던 영조는 숭문당에서 많은 성균관 유생들이 지어 올리는 시를 즐겨 읽었어요.

"유생 허원종이 지은 시가 아주 마음에 드는구나. 짐이 직접 술 한잔 따라 주겠노라."

자신의 마음에 드는 시가 나오면 그 시를 쓴 유생들에게 친히 술을 따라 주며 격려를 해 주기도 했지요. 이처럼 학문을 사랑했던 영조는 '숭문당'이라는 현판도 직접 썼답니다. 영조의 이같은 학문 사랑은 정조 때로 이어져 조선 후기의 실학을 꽃피울 수 있었던 거예요.

건물의 이름이 적힌 현판

조선 시대에는 도성의 문루나 궁궐의 건물에서부터 일반 주택에까지 '현판'이 걸려 있었어요. 현판은 널빤지나 종이, 비단에 글씨를 쓰거나 그림을 그려 문 위에 거는 액자로 '편액'이라고도 해요. 이처럼 현판을 걸어 놓은 것은 그 건물에 사는 사람이 현판의 이름에 깃든 정신대로 살라고 지어 놓은 거예요. 예를 들어 '숭문당'은 '학문을 숭상하는 집'이라는 뜻을 갖고 있어요. 이 말은 건물에 머물 사람은 학문을 높이기 위해 열심히 공부하라는 뜻이었죠. 만약 여러분 방에 현판을 걸어 놓는다면 어떤 의미를 담고 싶은가요?

유생
유학을 공부하는 선비를 뜻해요.

여기예요

슬픈 역사가 깃든 문정전

명정전과 문정전 뒤 복도
명정전 뒤에는 문정전과 숭문당을 잇는 복도가 있어요. 이 행랑 복도 덕분에 비를 맞지 않고 건물들을 오갈 수 있었답니다.

무수리
궁궐에서 청소 등 잔심부름을 하는 여자 노비를 가리키는 말이에요.

문정전
창경궁의 편전은 왕의 사무실로 오늘날 대통령의 집무실과 같은 곳이에요. 왕은 매일 편전에서 업무 보고를 받고 나랏일을 결정하고 어전 회의를 열었어요.

혹시 명정전과 문정전 사이를 걸어 봤나요? 이곳은 비가 오더라도 우산 없이 걸을 수 있답니다. 명정전과 문정전 사이에 비를 맞지 않고도 걸을 수 있도록 복도를 만들어 놓았으니까요.

왕은 하루의 대부분을 문정전에서 보냈어요. 편전은 남쪽을 향하고 있어 환하고 밝아 보이는 건물이지만 사실 이곳은 슬픈 역사를 간직하고 있어요. 도대체 어떤 이야기가 숨어 있는지 한번 알아볼까요?

사도세자의 아버지 영조에게는 열등감이 하나 있었어요. 자기의 어머니가 신분이 낮은 궁녀인 무수리 출신이라는 것이었어요. 이 때문에 신하들이 자기를 무시할까 봐 늘 신경을 썼어요. 그래서 왕위에 오를 때, 자신을 도와 준 신하들의 눈치를 많이 보았지요. 탕평책으로 인재를 고루 등용했지만, 사정이 이렇다 보니 간혹 신하들은 영조에게 무리한 행동을 하기도 했어요. 어린 나이에도 똑똑하고 총명했던 사도세자 눈에는 신하들에게 휘둘리는 영조의 모습이 좋지 않게 보였어요.

"왜 조정 대신들이 아바마마에게 부당한 요구를 하
는 것이옵니까?"

영조는 그런 세자가 점점 불편해졌어요. 그동안 영조를 등
에 업고 조정을 손에 쥐고 흔들었던 신하들도 사도세자를 못마땅
하게 여기기 시작했지요.

그러다 사도세자가 열다섯 살이 되던 해 영조는 건강이 나빠지자
아들에게 대신 나랏일을 맡겼어요. 세자가 나랏일을 맡자 그동안 조
정의 중심에서 밀리던 신하들은 세자를 지지하며 정치 권력을 잡으려
고 했어요. 조정은 영조를 지지하는 파와 세자를 지
지하는 파로 나뉘게 되었지요. 영조를 지지하던 신
하들은 자신들의 힘이 약해질까 봐 세자와 영조를
이간질했어요.

"세자는 성품이 포악하고 품행이 온전치 못합니
다. 그러니 더 많은 덕을 쌓아야 할 것이옵니다."

"세자가 궐 밖으로 자주 나가 술도 마시고 놀러
다닌다고 하옵니다. 이는 절대로 세자가 해서는
아니 될 일이옵니다."

세자의 영특함을 대견해 했
던 영조는 처음에 사도세자
를 두둔했어요. 하지만 사도
세자에 대한 행실 문제가 거
듭 보고되었고, 신하들의 이
간질로 결국 영조 역시 사도
세자를 미워하게 되었어요.

대리청정

대리청정은 왕의 자리를 물려주기 전에 세
자에게 나랏일을 보도록 하는 것을 말해
요. 보통은 왕이 나이가 많이 들어서 나랏
일을 제대로 운영하기 힘들 때, 어른으로
다 자란 세자에게 나랏일을 맡기는 거예요.
세종이 문종에게, 영조가 사도세자에게,
또 사도세자가 죽은 뒤, 세손인 정조에게
대리청정하게 했던 것이 그 예예요. 대리청
정과 비슷한 것이 수렴청정인데요. 수렴청
정은 나이 어린 왕이 임금 자리에 올랐을
때 어른이 될 때까지 대비가 나랏일을 대리
로 처리하던 것을 말해요.

 등용
실력 있는 인재를 뽑는 일을
가리키는 말이에요.

사도세자는 영조와 긴밀한 관계를 가지고
있던 조정 대신들이 권력을 독차지하는 걸
경계했어요. 조정을 장악하려는 신하들의
당파 싸움이 커지면서 사도세자는 신하들의
이간질로 영조에게 미움을 받게 되었지요.
그 상처로 사도세자는 마음의 병을 앓아 방
황을 했고, 결국 영조의 노여움을 사서 죽음
에 이르렀어요.

이 말을 들은 영조는 화가 머리끝까지 솟았어요. 결국 세자에게 칼을 주면서 자결을 하라고 했죠. 세자는 영조에게 한 번만 용서해 달라고 애원했어요. 하지만 영조의 화는 수그러들지 않았어요. 화를 참지 못한 영조는 세자에게 뒤주 속으로 들어가라고 명령을 내렸어요. 세자는 뒤주 속에서 8일을 버티다가 죽고 말았어요.

세자가 죽은 후, 영조는 아들을 죽인 것을 후회하며 세자에게 '사도'라는 시호를 내렸어요.

이런 이야기를 들으면서 문정전을 바라보니, 그때의 일들이 눈앞에 그려지는 것 같지 않나요? 세자를 야단치는 영조의 무서운 목소리와 살려달라고 하는 세자의 눈물 어린 호소가 들리는 듯해요. 이처럼 역사의 장소를 견학하는 일은 우리의 상상력을 풍부하게 해 주는 흥미진진한 일이에요.

왕의 시중을 드는 환관

"상감마마, 우의정 들었사옵니다." 이런 말과 함께 왕이 있는 편전으로 우의정을 안내하는 사람이 바로 환관이에요. 환관은 거세된 남자들로 '내시'라고도 불렀어요. 조선 시대의 환관은 궁궐 내의 음식물 감독, 왕명을 전달하는 일, 궁중의 문을 지키는 수문, 궁궐 내 청소 등의 일을 했어요. 무엇보다 왕과 가장 가까운 곳에서 일한다는 점에서 엄한 기준을 거쳐야만 환관이 될 수 있었어요.

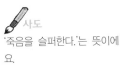

사도
'죽음을 슬퍼한다.'는 뜻이에요.

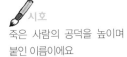

시호
죽은 사람의 공덕을 높이며 붙인 이름이에요.

여기서 잠깐!

동궐도에서 문정전의 옛 모습을 찾아 보세요

동궐도를 보면 조선 시대 문정전과 지금의 문정전이 다른 모습을 하고 있다는 사실을 알 수 있어요. 다음 친구들의 이야기에 귀를 기울여 보세요.

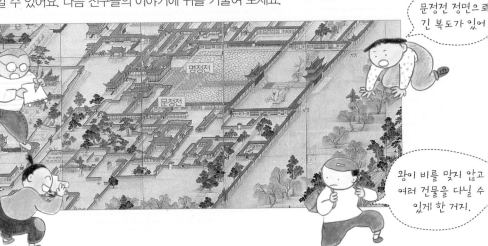

문정전 정면으로 긴 복도가 있어.

무려 12칸이나 되는 큰 건물이었는데 복원되면서 지금의 규모로 작아진 거지.

규모가 지금보다는 더 컸어. 앞이 네칸, 옆이 세칸이네.

왕이 비를 맞지 않고 여러 건물을 다닐 수 있게 한 거지.

28

바른 정치를 위한 어전 회의

"창경궁의 홍화문 앞으로 백성들을 모이게 하시오. 짐이 직접 백성들의 뜻을 물어볼 생각이오."

영조는 신하들이 균역법을 반대하자, 이런 명령을 내렸어요.

"아니 되옵니다. 백성들은 무지하니, 굳이 뜻을 물어볼 필요도 없을 듯하옵니다."

그 날, 영조와 신하들은 밤 늦도록 회의를 열었어요.

이처럼 왕이 주도하는 회의가 어전 회의예요. 말 그대로 왕 앞에서 하는 회의였기 때문에, 왠만한 벼슬을 가진 관리가 아니고서는 들어갈 수 없었어요. 대략 종 3품 이상이 어전 회의에 참여할 수 있었지요.

어전 회의에서는 올바른 나랏일을 의논했어요. 보통 신하들이 왕에게 설명하고 어떻게 처리할지 허락을 받는 형식으로 운영되었어요. 간혹 서로 의견이 맞지 않을 때는 왕이 자신의 생각대로 처리하지 않고 신하들의 뜻을 다 들어본 뒤에, 가장 좋은 방법이 무엇인지 찾아내었어요.

이처럼 어전 회의는 올바른 정치를 실현하는 방법이었는데 여기에는 두 가지의 제도적인 뒷받침이 있었어요.

그 첫 번째는 사관이 활동했다는 것이에요. 아무리 신분이 높은 벼슬아치라고 해도 왕을 만날 때에는 사관이 참여해야 했어요. 사관은 왕과 신하가 말한 내용이나 행동을 전부 기록했어요. 다른 하나는 언관이 있었다는 것이에요. 언관이란 사간원, 사헌부, 홍문관을 말하는데 잘못된 정책에 대해 고칠 것을 조정에 요구할 수 있었어요.

이러한 제도적인 뒷받침이 있었기 때문에 조선의 정치가 바르게 이뤄질 수 있었지요.

궁의 일을 기록하는 사관

사관은 왕과 신하들이 나랏일을 의논하는 현장에서 기록하는 일을 했어요. 보통 두 명의 사관이 함께 기록했는데, 말을 기록하는 좌사와 행동을 기록하는 우사가 있었어요. 이렇게 사관이 기록해 놓은 것을 사초라고 했지요. 사초는 왕이 고쳐달라고 해도 절대로 고칠 수 없는 것이었어요. 그래서 사관은 강직한 성품을 가져야 했죠. 사관들이 쓴 사초는 그대로 모아 두었다가 다음 왕 때에 책으로 정리해서 묶었어요. 이렇게 해서 묶은 책이 《조선왕조실록》이에요.

여기예요

하늘을 관찰하던 관천대

하늘과 땅을 살피는 학자들

조선 시대에는 하늘의 뜻을 알아야 나라를 잘 다스릴 수 있다고 생각했어요. 그래서 늘 하늘을 관찰하고 나라의 운명을 예측하기 위해 애썼어요. 이를 위해 관상감이라는 관청을 궁궐 안에 두었어요. 관상감의 관리들은 천문학자와 지리학자들이었어요. 그들은 하늘의 변화를 재빠르게 왕에게 보고해, 재난에 대비하도록 했답니다.

문정전에서 남쪽을 바라보면, 담장 밖으로 화강암 석대가 하나 보여요. 무엇일까요? 바로 관천대랍니다. 관천대는 화강암 석대 위에 천체관측 기기인 혼천의 등을 설치해서 하늘의 움직임을 관측하던 곳이에요.

천문학자들이 관천대에서 하늘을 관측했지요. 이들은 매일 관천대에 올라가 별자리와 하늘의 변화를 관측해 기록했어요. 왕실에서는 이것을 바탕으로 나라의 큰 행사를 언제하면 좋을지 날짜를 잡고 길흉을 점치는 데 이용했죠. 이렇게 하늘을 관찰하는 것이 나라의 대소사나 운명과 관련된 중요한 일이었기 때문에 관천대는 국가 1급 보안시설 가운데 하나였어요.

이것 말고도 하늘을 관찰하는 일을 중요하게 생각한 또 다른 이유가 있답니다. 조선 시대에는 농업이 가장 중요한 산업이었어요. 농업은 농사를 짓는 사람의 기술만으로 되는 것이 아니에요. 하늘의 변화에 따라 좌지우지되는 일 중 하나였지요. 비가 계속 내리면 농사를 망칠 수도 있고, 비가 너무 안 와도 농사를 망칠 수 있으니까요. 일년 농사를 망

관천대
혼천의와 같은 천문기구를 올려 놓고 하늘을 관측했어요.

치게 되면 왕에 대한 백성들의 원망도 커질 테니까요. 왕이 백성의 마음을 잃지 않기 위해서는 하늘을 잘 관찰해서 백성에게 날씨를 알려 주어야 했지요. 날씨를 알려 주는 것도 왕의 중요한 업무 중 하나였어요. 이런 이유로 조선 시대에는 천문학을 다른 학문보다도 귀중하게 여겼어요. 그래서 조선 시대의 왕들은 모두 천문학을 공부했답니다.

지금 관천대가 있는 이 자리는 원래 창경궁의 동궁과 궁궐을 수비하는 여러 군대들, 그리고 말과 가마를 관리하는 관청 등이 있었던 곳이에요. 일제 강점기 때 일본이 이곳에 동물원을 지으면서 관천대의 위치도 제 마음대로 바꾸어 버렸어요.

궁궐을 지키는 수비대

조선 시대 궁궐수비대는 금군과 별운검으로 나눠져요. 금군은 말 그대로 궁중 안의 정예 군인이라는 뜻으로 궁궐의 정전 주위를 경호하는 군인이었어요. 별운검은 금군보다 더 왕 가까이에 있는 측근 경호원이었어요. 운검을 가진 특수 군인이라는 별운검은 왕이 정전에서 공식 행사를 거행할 때 왕의 양편에서 칼을 들고 호위하는 사람이었어요.

인재를 만나는 곳, 함인정

함인정
하늘로 날아오를 것 같은 고운 처마선을 가진 함인정은 사방이 뚫린 정자예요. 이곳에서 왕이 휴식을 취했답니다.

인경궁
광해군이 인왕산 아래에 지었던 궁궐이에요. 다 짓기도 전에 광해군이 왕위에서 물러나면서 공사가 중단되었는데, 이제는 그 흔적마저 사라졌어요.

다시 문정전으로 들어와 숭문당을 지나 명정전 뒤편으로 가 볼까요. 확 트인 앞 마당에 정자가 하나 나타나요. 바로 함인정이랍니다.

사실 함인정은 원래 창경궁에 있던 건물은 아니었어요. 인경궁에 있던 정자였어요. 지금 함인정 자리에는 인양전이 있었는데 임진왜란 때 불에 타버리자, 인조 때 인경궁에 있던 함인정을 옮겨 온 것이지요.

함인정은 이름 그대로 정자예요. 정자는 보통 휴식 공간으로 많이 사용되었어요. 연못가나 개울가, 또는 산 속처럼 경치가 좋은 곳에 많이 자리잡고 있어요.

함인정은 넓은 터에 자리를 잡고 있어서 많은 사람을 만나는 데 아

함인정 내부에 걸린 편액의 시

함인정 안에 동서남북으로 걸린 편액의 글귀를 다 합치면 한 편의 **오언절구**가 되는데요. 이것은 한 해 동안의 빼어난 경치를 봄, 여름, 가을, 겨울 별로 읊은 중국의 시인 도연명의 글이에요.

동 : 봄에는 물이 사방의 연못에 가득하고

남 : 여름에는 구름이 기이한 봉우리에 많고

서 : 가을에는 달이 밝게 빛나며 비추고

북 : 겨울에는 고갯마루 외로운 소나무가 빼어나구나.

주 편리했어요. 그래서 영조는 이 곳에서 과거에 급제한 사람들을 만나곤 했어요.

"상감마마, 이번 문과 시험에 장원 급제한 조휴라고 합니다."

조선 시대에는 문과와 무과로 구별되는 과거 제도가 있었어요. 그 가운데 문과가 핵심이었어요. 조휴라는 사람은 대과 자격 시험 인 소과에 합격하고 3년에 한 번 열리는 식년시에서 갑과 1등으로 장원 급제를 한 사람이었어요. 영조는 함인정에 앉아서 넓은 마당에 서 있는 조휴를 흐뭇한 표정으로 바라봤지요.

창덕궁 담
창경궁과 창덕궁은 담장 하나를 사이로 나란히 붙어 있어요. 함인정 옆으로 보이는 저 담장 너머가 창덕궁이랍니다. 지금은 창경궁과 창덕궁 사이를 오가는 문이 폐쇄되어 있지만 조선 시대에는 담장 곳곳에 두 궁궐을 오갈 수 있는 문이 있었어요.

"자네 문장은 아주 탁월했다네. 자, 한잔 받게나."

영조는 장원 급제한 조휴에게 친히 하사주를 내렸고, 하사품으로 홍패와 관모, 어사화를 내려주었어요.

이렇듯 영조는 함인정에서 과거에 급제한 사람들을 만나곤 했어요. 또 날씨가 좋으면 신하들과의 경연도 숭문당 대신 이곳에서 했답니다.

오언절구
한 줄의 구절이 다섯 글자로 된 글을 말해요. 중국 당나라 때 유행했던 시랍니다.

하사주
임금이 신하에게 내리는 술을 말해요.

여기서
잠깐!

시 한 수를 읊어 봐요.

지금까지 제법 많이 걸었죠. 그러면 함인정 돌 계단에 잠시 걸터앉아 주위를 둘러보아요. 그리고 조선 시대 유생의 마음으로 삼행시를 지어 보세요.

함:

인:

정:

◀ 왕실 가족이 사는 곳, 내전과 후원 ▶

"오늘 전하께서는 중궁전으로 드신다고 하옵니다."

종일 나랏일을 보던 왕은 하루 일과를 마치고 통명전으로 향했어요. 통명전은 궁중 살림을 도맡은 왕비의 생활 공간이에요. 이곳에서 왕은 하루 동안의 일을 왕비와 이야기하거나 세자와 함께 왕이 아닌 아버지로서 대화를 나누기도 했지요. 이런 왕실 가족이 생활하는 공간을 내전이라고 하는데, 이곳에서 왕비뿐 아니라 대비와 세자, 그리고 후궁 등 왕실 가족이 살지요. 궁궐에는 궁궐 식구들의 휴식 공간인 후원이 있어요. 하지만 후원이 단지 휴식하는 공간만은 아니었어요. 후원에서 과거 시험을 치르기도 하고, 군사 훈련을 하기도 했어요. 또 내농포라는 소규모 논을 만들어 백성들에게 모범이 되기 위해 왕이 직접 농사를 지어 보기도 했어요.

그럼 이제 발걸음을 옮겨 내전과 후원으로 가 볼까요. 창경궁은 창덕궁을 보조하는 궁궐이었기 때문에 내전 공간이 특히 발달한 궁궐이었어요. 다른 궁궐과 얼마나 차이가 있는지 한 번 살펴보도록 해요.

정조가 태어난 경춘전

환경전
주로 왕이 머무는 건물로 남쪽을 향해 서 있어요.

빈전
왕과 왕비가 죽은 후 상여가
나갈 때까지 관을 모셔 둔 건
물을 뜻해요.

여기부터는 왕실 가족이 사는 내전이에요. 내전으로 가면서 가장 먼저 만나는 건물은 환경전이에요. 환경전은 명성 황후와 관련이 있는 곳이에요. 명성 황후가 시아버지 흥선 대원군과의 세력 다툼에서 졌을 때, 궁궐을 빠져나가 도망을 간 적이 있어요. 이때 흥선 대원군은 명성 황후가 죽었다면서 환경전에다 빈전을 만들고, 가짜 장례식을 치렀답니다. 하지만 환경전은 본래 왕의 침전이에요. 주로 왕이 사용했지만 더러는 세자가 이용하기도 했어요.

반면, 환경전 바로 옆에 있는 경춘전은 왕비나 세자빈의 거처였어요. 이곳은 숙종의 왕비 인현 왕후와 정조의 어머니 혜경궁 홍씨가 머문 곳이기도 해요. 무엇보다 경춘전과 깊은 관계가 있는 인물은 정조예요. 정조는 이 경춘전에서 태어났답니다.

사도세자는 영조를 대신해 대리청정을 할 때, 나랏일은 창덕궁의 옥화당과 창경궁의 시민당에서 하고, 잠은 주로 경춘전에서 잤어요. 그러던 어느 날 경춘전에서 잠을 자던 사도세자는 커다란 흑룡이 여

의주를 입에 물고 경춘전으로 들어
오는 꿈을 꾸었어요.

꿈에서 깬 사도세자는 아무
래도 이 꿈은 훌륭한 인물이
태어날 태몽이라고 생각했어
요. 그래서 자신이 꿈에서 봤
던 용을 새하얀 비단에그려 벽에다
걸어 두었는데, 그 뒤 정조가 태어난 것
이에요.

사도세자의 꿈처럼 정조는 실제로 총
명하고 훌륭한 왕이 되었지요. 조선 왕
조에서 세종대왕에 버금가는 군주로 조선의
중흥을 꿈꾸었던 왕이었어요. 효심이 깊었던 정조

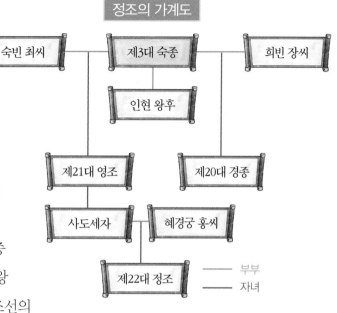

는 아버지가 자신의 태몽을 꾼 이 건물을 무척 좋아했어요. 탄생전이
라는 현판을 직접 써서 경춘전의 남문에 걸었고, 어머니 혜경궁 홍씨
가 자신을 낳으면서 겪었을 고통을 생각하며 추모하는 마음을 담아
'경춘전기'를 써서 경춘전의 북문에 걸어 두었어요.

경춘전은 사도세자와 정조, 그리고 혜경궁 홍씨의 아름다운 가족 사
랑이 듬뿍 배어 있는 곳이지요. 이제 그 경춘전을 지나 창경궁에서
가장 큰 내전인 통명전으로 발걸음을 옮겨 봐요.

경춘전
창경궁의 침전은 모두 남쪽을 향해 있는데, 경춘전만
동쪽을 향해 있어요. 스물여섯 칸이나 되는 제법 큰
건물로 누마루 형식을 하고 있어요.

두 왕비의 이야기가 서린 통명전

궁궐의 안주인은 중전

조선 시대 왕비를 중전이라고 불렀어요. 왕의 역할처럼 중전의 자리도 결코 쉬운 건 아니었어요. 우선 중전이 되려면 복잡하고 어려운 절차를 거쳐야 했어요. 중전이 된 뒤에는 내명부의 으뜸으로 막중한 책임과 의무를 다해야 했고요. 내명부란 궁중과 관련된 모든 여인들을 일컫는데, 왕의 후궁이나 그곳에 속한 궁녀들이 포함되지요. 이러한 내명부를 총 관리하는 것이 바로 중전이 해야 할 일이었지요. 그래서 중전은 모든 일에 모범이 되는 행동을 해야 했어요.

통명전
조선의 다른 궁궐과 비교해 가장 오래된 중궁전 건물이에요. 일본이 진열실로 쓰려고 깔았던 마루를 최근에 본래의 온돌로 복원했어요. 내부를 개방했으니, 꼭 둘러보세요.

"희빈마마, 이제 그만 처소로 드시지요?"
궁녀의 말에 장희빈은 힘겹게 발걸음을 옮겼어요. 그러다 뒤를 돌아보았어요. 통명전 안에서 스며 나오는 불빛을 통해 거기 있는 두 사람의 그림자가 보였어요. 그 두 그림자는 조선의 열아홉 번째 왕인 숙종과 인현왕후예요. 자신의 처소로 돌아가는 장희빈의 발걸음이 무거운 까닭은 중전의 자리를 내놓았고, 왕의 사랑을 잃어버렸기 때문이었어요. 그렇다면 숙종과 인현왕후, 장희빈 세 사람 사이에는 무슨 일이 있었던 것일까요?

숙종의 부인은 인현 왕후예요. 장희빈은 궁녀 출신으로 숙종의 사랑을 받는 후궁이었어요. 그런데 장희빈이 왕자를 낳자 오랫동안 자식이 없었던 숙종은 그 왕자를 세자로 삼고 싶었어요. 그러나 그 일에 대해 인현 왕후를 지지하던 신하들은 반대했고, 이를 못마땅하게 여긴 숙종은 인현 왕

용마루가 없는 통명전
용마루가 없는 건물은 왕비가 거처하던 곳이라는 표시이기도 해요. 다른 궁궐에 있는 중전의 침전처럼 통명전에도 지붕에 용마루가 없어요.

후를 궁에서 내쫓았어요. 그리고 장희빈을 중전 자리에 앉혔지요.

하지만 장희빈의 중전 노릇은 그리 오래가지 못했어요. 장희빈을 따르는 신하들이 권력을 장악하고 조정을 쥐고 흔들자, 이를 염려한 숙종은 점점 장희빈에게 싫증을 느끼기 시작했고, 무기력한 세자도 탐탁치 않게 여겼어요. 그 때 숙종의 마음은 장희빈 대신 무수리 출신인 숙빈 최씨에게 옮겨 갔어요. 숙종의 총애를 받던 숙빈 최씨는 인현 왕후를 지지했는데, 덕분에 숙종은 인현 왕후를 폐위시킨 자신의 결정을 후회했지요. 그래서 얼마 후 인현 왕후가 다시 중전으로 돌아오고 장희빈은 희빈으로 내려앉았어요.

이 모든 것은 인현 왕후와 장희빈을 두고 조정 대신들이 권력 싸움을 벌이면서 빚어진 일이에요. 그 당파 싸움은 왕권을 위협하고, 세자의 책봉과 왕비의 자리까지도 쥐고 흔들었어요. 그리고 두 여인의 슬프고도 무서운 싸움으로 이어졌지요.

통명전 내부

통명전 안으로는 들어가 볼 수 있어요. 내부는 아무런 꾸밈없이 텅 비어 있어 주인 없는 궁궐을 더 안타깝게 하지요.

궁궐의 살림꾼, 궁녀

궁중의 살림은 매우 크지요. 이 살림을 맡아 보던 사람들이 궁녀예요. 궁녀들은 왕, 왕비, 대비, 후궁, 세자 등을 위해 밥도 하고 빨래도 하고 청소도 했어요. 궁녀는 열 살 안팎의 나이에 궁궐로 들어와 글과 예절 등을 익히고 특별 교육을 받았어요. 이렇게 공부하는 궁녀를 각시라고 했어요. 각시가 된 궁녀는 약 15년 동안 공부해야 정식 궁녀인 나인이 될 수 있었어요. 나인이 되면 궁 안에서 일할 곳이 정해지고 월급도 받았죠. 나인으로 30여 년을 근무하면 최고 지위인 상궁 자리에도 오를 수도 있었답니다.

숙종이 인현 왕후를 중전의 자리에 되돌려 놓자, 장희빈은 궁궐 깊숙한 곳에 신당을 차려 놓고 무녀를 불러들여 굿을 했어요. 또 인현 왕후의 모습을 본떠서 깎은 나무 인형과 새, 쥐 등을 통명전 일대에 파묻기도 했어요.

장희빈의 저주 때문이었을까요? 아니면 허약해진 건강 때문이었을까요? 인현 왕후는 얼마 못 가 병에 걸려 세상을 떠나고 말았어요. 그러나 장희빈은 다시 중전 자리에 오를 수 없었어요. 인현왕후를 저주했다는 사실이 들통 나 사약을 받았거든요. 조정 대신들은 어린 세자를 위해 장희빈을 용서해 달라고 했지요. 하지만 숙종은 완고하게 거절했고, 후궁이 왕비로 승격될 수 없는 법까지 만들었어요.

장희빈과 인현 왕후의 이야기는 영화나 드라마로 많이 방송되었던 내용이에요. 또 이런 이야기가 방송된다면, 그 주 무대가 창경궁 통명전이었다는 사실을 떠올려 보아요.

아름다운 통명전의 연당과 화계

연당
화강암 난간이 사방을 두르고 있는 사각형 연못이에요. 난간 기둥에는 꽃봉오리와 연잎이 새겨져 있어요. 한가운데 괴석으로 섬을 만든 것은 우리 나라 연못의 특징이지요.

화계
좁은 공간을 나무가 우거진 화단처럼 꾸미려면 계단처럼 쌓으면 돼요. 이렇게 비탈진 땅을 깎지 않고 흙을 채워 계단처럼 꾸민 것은 자연을 해치지 않으려는 조상들의 마음이지요.

오랜 세월 살아남은 양화당

여기예요

"상감마마, 청나라 사신들이 도착했다 하옵니다."

인조의 입가에서 쓴 미소가 지나갔어요. 청나라 사신을 만날 때마다 인조는 마음이 편치 않았어요. 병자호란 때 삼전도에서 청나라 황제에게 무릎을 꿇었던 일이 떠올랐기 때문이에요.

"전하, 청나라 사신을 어디에서 만날 생각이시옵니까?"

"창경궁의 양화당으로 들라 하라."

인조는 멀쩡한 경희궁이나 인경궁을 놔두고 임진왜란 때 화재로 인해 군데군데 집터만 남아 있는 창경궁으로 청나라 사신을 만나러 갔어요. 인조가 초라한 양화당으로 청나라 사신을 부른 데는 이유가 있었어요. 청나라 사신은 조선에 올 때마다 무리한 조공을 요구했기 때문에, 초라한 궁궐의 모습을 보여 주면 그것을 거절하기 쉬울 거라고 생각했던 거예요. 인조는 편전인 양화당에서 청나라에 당한 모욕을 생각하며 어떻게 하면 나라의 힘을 키울 수 있을까 고민했어요.

> 삼전도
>
> 서울 송파구 송파동에 있는 나루로, 조선 시대에 한양과 남한산성을 이어주던 곳이지요. 병자호란 때 인조는 이곳에서 청나라 황제에게 항복을 했어요.

양화당
내전에 위치했지만, 왕의 편전으로 사용되기도 했어요. 주변에는 연경당, 연희당 등 많은 건물들이 있었지요. 지금은 양화당만 우두커니 제자리를 지키고 있어요.

조선의 궁궐은 역사 속의 수많은 사건으로 불에 타거나 허물어졌던 경우가 많았어요. 하지만, 유독 양화당만 꿋꿋이 살아남아 이 자리를 지켰지요. 물론 여러 차례 수리와 보수를 했지만, 양화당은 오랜 세월 동안 비교적 예전의 모습을 잘 간직하고 있답니다.

여기예요

후궁들의 처소, 집복헌과 영춘헌

왕의 또 다른 부인, 후궁

후궁이란 왕의 사랑을 입은 궁녀들을 말해요. 하지만 꼭 궁녀가 후궁이 되는 것은 아니에요. 명문 집안의 딸들도 후궁이 될 수 있었으니까요. 왕은 여러 후궁을 두었는데, 그것은 자손을 많이 낳아 왕실이 번성해야 하기 때문이에요. 후궁은 서열에 따라 빈, 귀인, 소의, 숙의 등의 작위를 받아요. 그중 빈이 가장 높은 품계였어요. 후궁들은 중궁전 근처의 후미진 곳에 살았어요. 후궁이라는 말에는 후미진 곳에 사는 사람이라는 뜻이 담겨 있답니다.

집복헌과 영춘헌
후궁들의 거처로 짐작되는 곳이에요. 두 곳 모두 ㅁ자형 건물이지요. 현판만 달리 붙어 있을 뿐 한 건물처럼 붙어 있어요.

통명전이 중궁전이라면, 집복헌과 영춘헌은 후궁들의 처소예요. 후궁들이 살았던 곳이라서 그런지 다른 건물에 비해 규모도 작고 화려하지 않아요. 하지만 이곳은 정조의 사랑이 듬뿍 담겨 있는 곳이랍니다.

집복헌에는 정조의 후궁인 수빈 박씨가 살았어요. 정조는 수빈 박씨를 무척이나 사랑했지요. 그래서 집복헌 옆에 있는 영춘헌을 독서실 겸 집무실로 사용했어요. 영춘헌은 현판만 달리 달았을 뿐, 집복헌과 한 건물처럼 붙어 있었거든요. 정조는 집복헌에서 아들 순조의 돌잔치도 열고 대신들에게 아들 자랑했어요. 그런데 왕이 거처하기에 영춘헌은 아주 초라한 건물이에요. 하지만 부드러운 비단 옷을 마다하고 꺼칠꺼칠한 무명베를 입으며, 하루 두 번만 수라상을 받았으며, 일생을 보냈던 검소한 정조에게는 딱 어울리는 건물이라고 할 수도 있어요. 이처럼 창경궁에는 나라와 백성을 걱정하고 가족을 사랑했던 정조의 마음이 엿보이는 곳이 많답니다.

집복헌

영춘헌

자경전 터

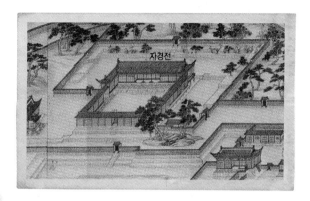

통명전 뒤 언덕 위로 올라가면 평탄한 잔디밭이 나와요. 사실 이 잔디밭에는 정조의 효심이 깃든 자경전이 있었어요.

사도세자의 아들인 정조는 다행히 왕위에 오를 수 있었어요. 정조는 왕위에 오르자 마자, 창경궁 건너편에 있는 함춘원(사도세자가 묻힌 곳)에다 아버지를 생각하며 경모궁을 세웠어요. 경모궁은 창경궁 맞은 편의 서울대학병원이 자리한 곳이었어요.

그리고 몇 년 후 정조는 창경궁으로 옮겨와 살면서 경모궁에 참배하러 다니기 편하도록 홍화문 북쪽에 담장을 헐고 월근문을 세웠어요.

이처럼 아버지에 대한 애틋한 사랑을 갖고 있었던 정조는 어머니에 대한 사랑도 아끼지 않았어요. 그래서 아버지의 사당이 보이는 장소에 어머니를 위한 자경전을 지었죠. 정조의 효심이 얼마나 대단했는지 자경전은 왕비가 머무르는 통명전보다 더 규모도 크고 높은 곳에 위치했어요. 이곳에서 혜경궁 홍씨는 〈한중록〉을 썼어요.

그런데 이 자경전은 어디로 가고 잔디밭만 남은 것일까요? 자경전 건물은 고종 때 불타 버렸고 이후 그 자리에 장서각이 들어섰어요. 장서각은 조선총독부에서 지은 것으로 창경궁의 맥을 끊으려고 이곳에다 일본식 건물을 지었어요. 장서각 건물은 도서관 및 박물관 건물로 사용되었다가 1980년에 창경궁 복원 계획을 세운 후 허물어지고 지금은 터만 남았답니다.

궁궐의 어른인 대비

왕의 어머니를 대비라고 해요. 조선 시대의 대비는 왕실의 어른으로서 정치에 막대한 영향을 끼치기도 했어요. 다음 왕이 정해지지 않은 상태에서 갑작스럽게 왕이 승하했을 때, 대비에게 후계자를 정할 수 있는 권한이 있었어요. 그리고 후계자인 왕의 나이가 어리면 대비가 수렴청정을 하기도 했죠. 이렇게 특별한 권력을 행사한 대비도 있었지만, 보통은 궁중의 어른으로서 왕과 왕비의 문안 인사를 받고 왕실의 경조사에 참석하는 정도의 활동을 했어요.

여기예요

상처투성이로 남은 창경궁 후원

후원으로 가는 길
일제 강점기 때 장서각이 저 계단 위에 세워졌어요. 14쪽의 사진을 참고해 보세요.

자, 이제 창경궁의 후원으로 발길을 옮겨요. 후원은 왕실 가족의 휴식 공간이에요. 왕과 왕비는 후원에서 산책을 하며 담소도 나누고, 나랏일을 위한 사색에 잠기기도 했어요. 그렇다고 후원이 쉼터 노릇만 한 것은 아니에요. 이곳에서 과거 시험도 치르고 군사 훈련을 하기도 했거든요. 그런데 창경궁의 후원은 역사의 상처가 많은 곳이에요. 과연 어떤 상처들일까요?

양화당과 집복헌 사이에는 커다란 너럭바위가 있어요. 그 위로는 계단이 있는데, 계단을 올라 맨 먼저 만나는 것은 풍기대예요. 풍기대는 성종태실비를 보고 나오면서 설명하기로 하고 성종태실비로 가 보아요.

우리 조상들은 갓 태어난 아기의 탯줄을 아주 소중히 여겼어요. 궁중에서는 아기의 탯줄을 깨끗이 씻어서 백자 항아리에 담아 보관했지요. 그 보관 장소를 태실이라고 해요. 이 태실은 전국의 좋은 땅을 찾아 정했어요. 그래야 아기의 운명이 순탄하고 영화로울 거라고

성종의 태실과 태실비

창경궁 안에 여러 건물이 있던 터

생각했기 때문이지요. 그런데 유독 성종 태실비만이 창경 궁에 보관되어 있어요. 왜일까요? 거기에도 창경궁의 아 픈 역사가 담겨 있어요.

원래 성종 태실은 경기도 광주 경안면에 있었는데, 일 제 강점기인 1928년 일본이 전국에 있는 조선 왕들의 태 실을 모두 서삼릉으로 옮길 때 성종 태실만 이곳으로 옮 긴 거예요. 왜냐하면 여러 태실 가운데 성종 태실이 잘 보관되어 있어서 태실의 표본을 삼기 위해서라고 했죠. 하 지만 이것은 일제의 허울 좋은 구실이었어요. 일제는 조 선 왕조를 깎아내리기 위해 소중하게 보관하고 있던 태실 을 함부로 파헤쳐 한 곳으로 모아 놓았고, 그중 성종 태 실비를 창경궁으로 옮겨와 그저 박물관의 야외 전시품 정 도로 만들어 버린 것이에요.

풍기대

성종 태실비를 지나 춘당지로 가기 전에 좀 전에 만났던 풍기대를 살펴보아요. 풍기대는 영조가 만든 것으로, 가운데 뚫린 구멍에 긴 장 대를 꽂아 세우고 그 끝에 천을 달아 바람의 방향과 속도를 측정했 어요. 풍기대를 궁궐의 후원에 만들어 놓은 것은 조선이 농사를 소중 하게 여겼기 때문이에요.

✏️ 서삼릉
경기도 고양시에 있는 조선 시대의 세 왕릉이에요. 중종의 왕후인 장경 왕후의 희릉, 중 종의 효릉, 철종의 예릉이 있 어요.

이렇게 농사를 소중하게 생각했다는 것은 춘당지 옆에 있는 내농포를 봐도 알 수 있어요. 춘당지는 호리병 모양을 한 제법 큰 연못인데, 잘록한 허리 윗 부분은 춘당지이고, 아랫 부분은 본래 논이었어요. 이 논을 내농포라고 불렀 어요. 이 논에서 왕이 직

🌼 창경궁 안에 서 있는 탑

창경궁 안에 오층석탑과 팔각칠층석탑
유교를 숭상하는 왕실의 위엄을 떨어뜨리기 위해 일본이 궁궐 안에 옮겨 놓은 불 탑들이에요.

춘당지

접 농사를 지으면서 백성들에게 농사 시범을 보였어요.

궁궐 안에서 농사를 지었다는 것은 왕이 농사를 짓고 사는 백성의 생활을 직접 체험하면서 동시에 농업을 권장하겠다는 뜻이 담겨 있었으며 궁중 생활을 검소하게 하려는 마음도 담겨 있었답니다.

그런데 지금 창경궁에서 내농포의 흔적을 찾아볼 수 없답니다. 백성을 위한 왕의 마음이 담긴 내농포를 일본이 마음에 들어 할 리가 없었어요. 그래서 내농포를 파헤쳐 큰 연못으로 만들어 버렸던 거예요. 하지만 춘당지의 훼손은 거기서 끝이 아니었어요. 춘당지에 배를 띄워 뱃놀이를 하게 하고, 주변에는 일본을 상징하는 벚꽃을 심어 일본식 공원을 만들었어요. 벚꽃이 피는 봄철에는 야간에도 창경궁을 구경할 수 있도록 했지요. 해방 후에도 창경궁은 여전히 창경원이라 불리우며 케이블카와 놀이 기구에게 자리를 내줬어요.

다행히 1984년에 춘당지는 한국식 연못으로 제 모습을 찾았지만 백성들

을 생각하며 직접 씨를 뿌리고 벼를 수
확했던 왕의 모습을 그려볼 수 있는 내
농포는 다시 볼 수 없게 되었어요. 어디
그뿐인가요? 춘당지에서 북쪽으로 넓은
언덕에서는 조선 시대에 과거도 보고, 군
사 훈련도 했지만 지금은 전혀 그런 흔적
을 찾아볼 수 없지요.

관덕정
단풍숲이 아름다운 관덕정은 왕비가 뽕을 따고 누에를 치던 잠단 자리에
세워진 정자예요.

　춘당지 뒤로 가면 일제 강점기 때 만
들어 놓은 식물원이 있어요. 창경궁에
있던 동물원은 현재 서울대공원으로 자
리를 옮겨 갔지만, 식물원은 아직도 창경
궁에 남아 있지요. 식물원 서쪽으로 들어
가면 관덕정이라는 정자가 있어요. 이 정자에서 왕이 활을 쏘며 체력
단련을 했답니다. 관덕정은 단풍이 아름다워서 창덕궁과 창경궁 내의
여러 경치 중에서도 손에 꼽힌답니다. 이 부근을 살펴보면 성균관으
로 통하던 집춘문이 있고, 국립서울과학관으로 갈 수 있는 과학의 문
이 있어요.

　여러분은 창경궁의 후원을 돌아보면서 무엇을 보았나요? 혹시 동물
원과 식물원, 그리고 벚꽃이 흐드러졌던 예전의 모습을 그려보지는
않았나요?

창경궁의 후원

후원숲

월근문

창경궁을 떠나며

자, 창경궁을 모두 둘러본 느낌이 어떠한가요? 몇몇 건물만 덩그러니 남아 있고, 그마저도 어둡고 썰렁해 실망하지는 않았나요? 천하를 다스렸다는 왕의 흔적은 온데간데 없고, 텅 빈 궁궐이 시시하다고 생각하지는 않았나요? 창경궁을 견학하고 나면 어떤 친구들은 훼손되고 망가진 궁궐을 보니 화가 난다고도 하고, 어떤 친구들은 너무 초라한 궁궐에 실망하기도 했다고 해요. 그렇다면 더욱 더 창경궁의 가치를 되새겨 보고 관심을 가져야 할 거예요.

그동안 우리는 문화유산에 너무 무관심했어요. 그 무관심 속에 창경궁은 더 초라한 궁궐이 되었어요. 그나마 다행인 것은 창경원에서 창경궁으로 제 이름을 되찾았다는 것이지요. 하지만 옛모습이 되살아난 건 아니에요. 아직도 훼손된 창경궁의 빈자리가 많이 남아 있지요. 그곳을 채울 수 있는 건 여러분 몫의 관심이랍니다. 여러분이 창경궁에 관심을 갖는다면, 그리고 그 관심이 우리 사회에 널리 퍼진다면 창경궁은 점점 옛모습을 찾아 복원할 수 있을 거예요.

　관심을 갖기 위해서는 겉모습만 봐서는 안 되지요. 그 속에 담긴 역사와 의미를 되새겨보아야 해요. 눈에 보이는 초라함 뒤에 감춰진 궁궐의 참모습을 말이에요. 그 속에는 태평성대를 이루고 싶었던 왕의 꿈이 있고, 제 욕심만 챙기려고 당파 싸움을 했던 벼슬아치들의 이기심도 있으며, 왕의 사랑을 잃고 슬픔에 빠진 왕비의 눈물도 배어 있고, 어른을 섬기는 마음으로 궁궐을 넓혔던 왕의 효심도 깃들어 있어요. 또 외세의 침략으로 인해 망가져 가는 궁궐을 지켜 봐야 했던 백성들의 아픔도 스며 있어요.

　이런 이야기들은 여러분이 더욱 궁궐에 관심을 갖도록 해 줄 거예요. 오늘 창경궁 견학이 여러분에게 궁궐에 관심을 갖도록 해 주는 일이 되었는지 모르겠어요. 창경궁이 겪은 아픈 역사를 다시 겪지 않도록 하기 위해, 창경궁에 담긴 역사와 의미를 제대로 모르고 궁궐에 실망하는 일이 없도록 우리 궁궐에 많은 관심을 갖도록 해요. 그러면 창경궁은 미래에 제 모습을 찾는 아름다운 궁궐로 거듭날 테니까요.

창경궁 주변 돌아보기

창경궁을 모두 돌아보았어요. 그냥 집으로 가기 아쉽다면, 창경궁 주변도 함께 둘러볼까요? 창경궁 주변에는 조선 왕실의 사당인 종묘, 세계문화유산으로 지정된 창덕궁, 다양한 공연 문화를 즐길 수 있는 대학로가 있답니다. 특히 종묘는 창경궁의 입장권으로 무료 관람할 수 있어요. 또한 창덕궁은 창경궁과 더불어 동궐로 불리던 곳이니, 창경궁과 견주면서 둘러보세요. 만약 새로운 체험학습을 해 보고 싶다면, 대학로에서 연극이나 뮤지컬 같은 공연을 관람하는 것도 좋아요.

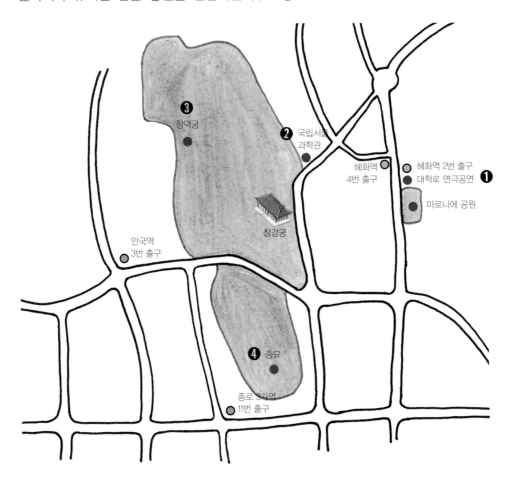

❹ 종묘

종묘는 조선 시대 역대 왕과 왕비의 신위를 모신 사당이에요. 왕실의 조상에 대한 공경과 효심을 높이기 위해 세웠어요. 종묘에서는 매년 5월 첫째 일요일에 종묘대제라는 제사를 지내요. 창경궁에 왔다면 되도록 종묘를 꼭 둘러보세요. 창경궁 관람권으로 무료 입장할 수 있거든요.

＊종묘 홈페이지 : http://jm.cha.go.kr

❶ 대학로(마로니에 공원)

이곳에는 옛날 서울대학교가 있었는데, 학교가 이사를 가고 그 자리에 마로니에 공원이 새로 들어섰어요. 그러면서 많은 문화예술단체와 공연을 위한 소극장도 들어서게 되었지요. 공연문화의 상징적 장소가 된 대학로에서는 언제든 연극, 뮤지컬, 영화, 콘서트 등 다양한 공연을 만날 수 있답니다.

❷ 국립서울과학관

재미있고 쉽게 과학을 배우고 싶다면 국립서울과학관으로 가요. 이곳은 어린이들이 직접 만지고 느끼며 체험할 수 있도록 꾸며져 있답니다. 1층은 어려운 과학의 원리를 스스로 터득할 수 있는 기초과학전시실, 2·3층은 우주와 지구, 생명 등 자연의 역사를 알 수 있는 자연사전시실, 4층은 과학기술인 명예의 전당과 우주여행을 경험할 수 있는 전시물이 마련되어 있어요. 또한 특별전시와 다양한 교육프로그램은 여러분을 미래 과학꿈나무로 자랄 수 있도록 도와 줄 거예요.

＊국립서울과학관 홈페이지 : http://www.ssm.go.kr

＊창경궁과 국립서울과학관을 동시에 관람할 계획이라면, 매표소에서 두 곳을 모두 관람할 수 있는 공동관람권을 구입하세요. 국립서울과학관을 관람한 후 '과학의 문'을 통해 창경궁에 입장할 수 있답니다.

❸ 창덕궁

창경궁과 더불어 동궐이라고 불리던 창덕궁은 조선 시대 궁궐 중 옛 모습이 가장 잘 남아 있는 궁궐이지요. 또한 아름다운 숲으로 알려진 후원은 조선 시대 왕들에게 사랑을 받았던 곳이랍니다. 자연과 건물의 조화가 탁월하다는 평가를 받는 창덕궁은 다른 궁궐처럼 아무 때나 자유롭게 관람할 수 있는 유적지가 아니에요. 일반 관람, 자유 관람, 옥류천 관람의 관람 프로그램이 따로 마련되어 있어요. 관람할 수 있는 요일과 시간, 관람비도 모두 다르니, 꼭 홈페이지를 확인하도록 하세요.

＊ 창덕궁 홈페이지 : http://www.cdg.go.kr

나는 창경궁 박사!

창경궁을 열심히 둘러 본 우리 친구들, 모두 수고했어요. 이제 창경궁에 대해 제법 많이 알았지요? 그렇다면 실력을 발휘해 봐요. 창경궁에서 보고 들은 내용을 바탕으로 아래 문제를 잘 풀어보고, 창경궁에 대한 느낌도 정리해 보세요.

① 알맞은 것끼리 연결해 보세요.

궁궐 건축물 주변에는 궁궐을 상징하는 다양한 유물들이 있어요. 유물과 유물의 이름, 그 뜻을 잘 살펴보고 맞는 것끼리 연결해 보세요.

사진	이름	설명
	답도	월대 계단에 있는 봉황이 그려진 돌판으로 왕의 가마가 지나가는 길
	박석	직급별로 신하들이 서 있는 위치를 표시해 주는 푯돌
	어도와 신도	공식 행사 때 왕이 거니는 길로, 가운데는 왕의 길, 양 옆은 신하의 길
	품계석	명정전 앞마당인 조정 바닥에 깔아 놓은 돌판
	드무	건물을 보호해 준다는 수호신. 서유기의 삼장법사와 손오공 등을 상징하는 인형
	잡상	화재를 대비해 항상 물을 담아 놓은 큰 그릇

② 문화유산에 대해 이야기해 보세요.

일제 강점기를 거치면서 창경궁은 많은 역사의 상처를 입었어요. 하지만 최근에 문화유산에 대한 관심이 높아지면서 문화재청과 시민단체들은 창경궁의 복원을 위해 많은 노력을 하고 있답니다. 창경궁을 위해 여러분이 할 수 있는 일은 무엇인지 이야기해 보세요.

1. _____

2. _____

❸ OX 퀴즈를 풀어 보세요.

창경궁에 대한 다음 설명을 읽고 맞으면 O, 틀리면 X로 답하세요.

1) 창덕궁과 더불어 창경궁은 동궐로 불리던 궁궐이다. (　　　)

2) 창경궁의 정문과 정전이 동쪽을 향해 있는 건, 서둘러 복원했기 때문이다. (　　　)

3) 창경궁의 정전은 명정전, 편전은 문정전, 중궁전은 통명전이다. (　　　)

4) 창경원이 창경궁의 진짜 이름이다. (　　　)

5) 창경궁 곳곳에 우물이 있는 것은 생활공간인 내전이 발달했기 때문이다. (　　　)

6) 창경궁에서 탑을 볼 수 있는 것은 왕실 가족이 불교를 열심히 믿었기 때문이다. (　　　)

❹ 창경궁에 대해 정리해 보세요.

우리는 창경궁 건물에 대한 이야기와 그곳에서 일어났던 역사 이야기 등을 알게 되었어요. 창경궁을 모두 둘러보고 난 뒤 느낌이 어떤지 아래에 써 보세요. 새로 알게 된 사실이나, 인상 깊었던 이야기, 깨닫게 된 점도 좋아요.

정답은 56쪽에

궁궐 안내판 만들기

창경궁에 잘 다녀왔나요? 그런데, 만약 만족스럽지 못한 부분이 있어요. 각 장소에 대한 안내판이 너무 어렵게 구성되어 있다는 거예요. 그렇다면 궁궐에 있는 안내판을 어린이들이 쉽게 이해할 수 있는 안내판으로 확 바꾸어 보아요. 예쁜 안내판을 만드는 동안 다시 한번 창경궁에 대해 생각해 볼 수 있을 거예요.

안내판을 하나 골라요

궁궐에 가면 유적을 설명하는 안내판을 쉽게 볼 수가 있어요. 여러분도 한번쯤 유적지에서 안내판을 그대로 옮겨 적어 본 적이 있을 거예요. 하지만 한자말이 가득한 안내판 설명은 너무 어렵고, 궁궐을 찾는 사람들이 흥미로워 하지도 않아요. 창경궁에서 이해하기 어려운 안내판을 하나 골라서 사진을 찍어 보아요.

쉬운 안내판을 만들어요

안내판의 제 역할은 관람객의 이해를 돕는 거예요. 그러려면 어렵지 않아야 하겠지요. 쉬운 안내판으로 만들려면 우선 사진으로 찍어온 안내판에서 어려운 말을 골라요. 그리고 사전에서 찾아보고, 쉬운 말로 풀어 보세요. 뿐만 아니라 안내판에서 유적지에 대해 꼭 필요한 정보만 추려 쉽고 간결하게 정리해 보아요.

의미있는 안내판으로 만들어요

궁궐 안내판은 유적지에 대한 역사와 가치를 바로 설명해야 해요. 견학을 통해 우리 문화유산을 제대로 이해할 수 있도록 말이에요. 그래야 우리 역사를 소중히 생각하고 흥미와 자부심을 가질 수 있을 거예요. 그런 멋진 의미가 담긴 안내판을 만들어 보아요.

나만의 예쁜 안내판을 만들어요

지도를 곁들여 유적지가 한눈에 들어오게 보여 준다면, 관람하는 데 도움을 줄 거예요. 또한 각 유적지에서 꼭 보아야 할 것도 곁들여 주세요. 그 장소에서 어떤 역사적 사건들이 있었는지도 설명해 준다면, 더욱 재미있겠지요. 안내판을 꾸밀 때 궁궐 분위기에 맞추면 더 예쁜 안내판이 될 거예요.

창경궁 안내판

명정전 앞 안내판을 읽어 보아요. 최근에는 안내판 내용이 비교적 많이 쉬워졌지만 아직도 초등학생인 여러분이 읽기에는 조금 어려워요.

다시 쓴 안내판

세종대왕은 어려운 한자어로는 백성들이 자신의 뜻을 제대로 펼 수 없었던 점을 헤아려 한글을 만들었어요. 그런 세종대왕의 뜻을 이어받아 안내판을 고쳐 써 보니 어떠한가요? 친구들뿐 아니라 누구나 쉽게 이해할 수 있겠지요? 안내판을 고친 후에는 친구들과 돌려 읽어 보고 문화재청이나 궁궐 관리 사무소에 안내판을 이렇게 고쳐 달라는 제안을 해 보세요.

정답

여기서 잠깐!

17쪽 1. 화   2.   3. 왕, 문신, 무신

19쪽 ②

23쪽 1. 가마   2. 봉황

나는 창경궁 박사!

① 알맞은 것끼리 연결해 보세요.

궁궐 건축물 주변에는 궁궐을 상징하는 다양한 유물들이 있어요. 유물과 유물의 이름,
그 뜻을 잘 살펴보고 맞는 것끼리 연결해 보세요.

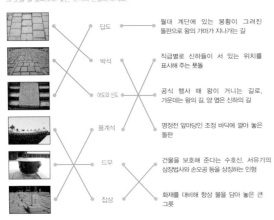

- 답도 — 월대 계단에 있는 봉황이 그려진 돌판으로 왕의 가마가 지나가는 길
- 박석 — 직급별로 신하들이 서 있는 위치를 표시해 주는 푯돌
- 어도와 신도 — 공식 행사 때 왕이 거니는 길로, 가운데는 왕의 길, 양 옆은 신하의 길
- 품계석 — 명정전 앞마당인 조정 바닥에 깔아 놓은 돌판
- 드무 — 건물을 보호해 준다는 수호신, 서유기의 삼장법사와 손오공 등을 상징하는 인형
- 잡상 — 화재를 대비해 항상 물을 담아 놓은 큰 그릇

② 문화유산에 대해 이야기해 보세요.

일제 강점기를 거치면서 창경궁은 많은 역사의 상처를 입었어요. 하지만 최근에 문화유산에 대한
관심이 높아지면서 문화재청과 시민단체들은 창경궁의 복원을 위해 많은 노력을 하고 있답니다.
창경궁을 위해 여러분이 할 수 있는 일은 무엇인지 이야기해 보세요.

예 1) 궁궐이 개선해야 할 점이나 부족한 것을 관련기관에 메일로 요구해요.

예 2) 친구들에게 궁궐 도우미가 되어 창경궁을 안내해요.

예 3) 친구들과 창경궁의 옛 모습과 역사에 대해 알아보아요.

③ OX 퀴즈를 풀어 보세요.

창경궁에 대한 다음 설명을 읽고 맞으면 O, 틀리면 X로 답하세요.

1) 창덕궁과 더불어 창경궁은 동궐로 불리던 궁궐이다. (O)

2) 창경궁의 정문과 정전이 동쪽을 향해 있는 건, 서둘러 복원했기
   때문이다. (×)

3) 창경궁의 정전은 명정전, 편전은 문정전, 중궁전은 통명전이다.
   (O)

4) 창경원이 창경궁의 진짜 이름이다. (×)

5) 창경궁 곳곳에 우물이 있는 것은 생활공간인 내전이 발달했기
   때문이다. (O)

6) 창경궁에서 탑을 볼 수 있는 것은 왕실 가족이 불교를 열심히
   믿었기 때문이다. (×)

사 진 및 그 림

고려대학교 박물관 p13(동궐도)

김민아 p50(종묘 행사), p51(대학로, 국립서울과학관)

서울대학교 규장각 p17(홍화문 사미도)

서울시립대학교 박물관 p14(명정전, 장서각)

주니어김영사 p11(창경궁), p12(경복궁, 창덕궁, 경운궁, 경희궁), p16(홍화문), p18(옥천교와 명정문), p19(돌짐승), p22(명정전과 조정), p23(용상, 박석, 답도), p25(숭문당), p26(문정전, 복도), p30(관천대), p32(함인정), p33(창덕궁 담), p36(환경전), p37(경춘전), p38(통명전), p39(통명전 내부), p40(연당, 화계), p41(양화당), p42(집복헌과 영춘헌), p44(후원으로 가는 길, 성종의 태실과 태실비, 건물 터), p45(풍기대, 오층석탑, 팔각칠층석탑), p46(춘당지), p47(관덕정, 후원숲, 월근문)

이재형 p14(옛 춘당지)

창경궁관리사무소 p13(창경궁)

초등학교 교과서와 관련된 학년별 현장 체험학습 추천 장소

1학년 1학기 (21곳)	1학년 2학기 (18곳)	2학년 1학기 (21곳)	2학년 2학기 (25곳)	3학년 1학기 (31곳)	3학년 2학기 (37곳)
철도박물관	농촌 체험	소방서와 경찰서	소방서와 경찰서	경희대자연사박물관	IT월드(과천정보나라)
소방서와 경찰서	광릉	서울대공원 동물원	서울대공원 동물원	광릉수목원	강원도
시민안전체험관	홍릉 산림과학관	농촌 체험	강릉단오제	국립민속박물관	경희대자연사박물관
천마산	소방서와 경찰서	천마산	천마산	국립서울과학관	광릉수목원
서울대공원 동물원	월드컵공원	남산골 한옥마을	월드컵공원	국립중앙박물관	국립경주박물관
농촌 체험	시민안전체험관	한국민속촌	남산골 한옥마을	기상청	국립고궁박물관
코엑스 아쿠아리움	서울대공원 동물원	국립서울과학관	한국민속촌	서대문자연사박물관	국립국악박물관
선유도공원	우포늪	서울숲	농촌 체험	선유도공원	국립부여박물관
양재천	철새	갯벌	서울숲	시장 체험	국립서울과학관
한강	코엑스 아쿠아리움	양재천	양재천	신문박물관	남산
에버랜드	짚풀생활사박물관	동굴	선유도공원	경상북도	남산골 한옥마을
서울숲	국악박물관	고성 공룡박물관	불국사와 석굴암	양재천	롯데월드민속박물관
갯벌	천문대	코엑스 아쿠아리움	국립중앙박물관	경기도	국립민속박물관
고성 공룡박물관	자연생태박물관	옹기민속박물관	국립민속박물관	이화여대자연사박물관	삼성어린이박물관
서대문자연사박물관	세종문화회관	기상청	전쟁기념관	전쟁기념관	서대문자연사박물관
옹기민속박물관	예술의 전당	시장 체험	판소리	천마산	선유도공원
어린이 교통공원	어린이대공원	에버랜드	DMZ	한강	소방서와 경찰서
어린이 도서관	서울놀이마당	경복궁	시장 체험	화폐금융박물관	시민안전체험관
서울대공원		강릉단오제	광릉	호림박물관	경상북도
남산자연공원		몽촌역사관	홍릉 산림과학관	홍릉 산림과학관	월드컵공원
삼성어린이박물관		국립현대미술관	국립현충원	우포늪	육군사관학교
			국립4·19묘지	소나무 극장	해군사관학교
			지구촌민속박물관	예지원	공군사관학교
			우정박물관	자운서원	철도박물관
			한국통신박물관	서울타워	이화여대자연사박물관
				국립중앙과학관	제주도
				엑스포과학공원	천마산
				올림픽공원	천문대
				전라남도	태백석탄박물관
				경상남도	판소리박물관
				허준박물관	한국민속촌
					임진각
					오두산 통일전망대
					한국천문연구원
					종이미술박물관
					짚풀생활사박물관
					토탈야외미술관

4학년 1학기 (34곳)

- 강화도
- 갯벌
- 경희대자연사박물관
- 광릉수목원
- 국립서울과학관
- 기상청
- 농촌 체험
- 서대문자연사박물관
- 서대문형무소역사관
- 서울역사박물관
- 소방서와 경찰서
- 수원화성
- 시장 체험
- 경상북도
- 양재천
- 옹기민속박물관
- 월드컵공원
- 철도박물관
- 이화여대자연사박물관
- 천마산
- 천문대
- 철새
- 홍릉 산림과학관
- 화폐금융박물관
- 선유도공원
- 독립공원
- 탑골공원
- 신문박물관
- 서울시의회
- 선거관리위원회
- 소양댐
- 서남하수처리사업소
- 중랑구재활용센터
- 중랑하수처리사업소

4학년 2학기 (56곳)

- IT월드(과천정보나라)
- 강화도
- 경기도박물관
- 경복궁 / 경상북도
- 경주역사유적지구
- 경희대자연사박물관
- 고창, 화순, 강화 고인돌유적
- 전라북도
- 고성공룡박물관
- 충청도
- 국립경주박물관
- 국립민속박물관
- 국립부여박물관
- 국립서울과학관
- 국립중앙박물관
- 국립국악박물관 / 남산
- 남산골 한옥마을
- 농업박물관 / 대법원
- 대학로
- 롯데월드민속박물관
- 몽촌토성과 풍납토성
- 불국사와 석굴암
- 서대문자연사박물관
- 서울대공원 동물원
- 서울숲
- 서울역사박물관
- 조선의 왕릉
- 세종대왕기념관
- 수원화성
- 승정원 일기 / 양재천
- 옹기민속박물관
- 월드컵공원
- 육군사관학교
- 철도박물관
- 이화여대자연사박물관
- 조선왕조실록 / 종묘
- 종묘제례
- 창경궁 / 창덕궁
- 천문대 / 청계천
- 태백석탄박물관
- 판소리 / 한강
- 한국민속촌
- 해인사 고려대장경과 장경판전
- 호림박물관
- 화폐금융박물관
- 훈민정음
- 온양민속박물관
- 아인스월드

5학년 1학기 (35곳)

- 갯벌
- 광릉수목원
- 국립민속박물관
- 국립중앙박물관
- 기상청
- 남산골 한옥마을
- 농업박물관
- 농촌 체험
- 서울국립과학관
- 서울대공원 동물원
- 서울숲
- 서울시청
- 서울역사박물관
- 시민안전체험관
- 경상북도
- 양재천
- 강원도
- 월드컵공원
- 유명산
- 제주도
- 짚풀생활사박물관
- 천마산
- 한강
- 한국민속촌
- 호림박물관
- 홍릉 산림과학관
- 하회마을
- 대법원
- 김치박물관
- 난지하수처리사업소
- 농촌, 어촌, 산촌 마을
- 들꽃수목원
- 정보나라
- 드림랜드
- 국립극장

5학년 2학기 (51곳)

- IT월드(과천정보나라)
- 강원도
- 경기도박물관
- 경복궁
- 덕수궁과 정동
- 경상북도
- 경희대자연사박물관
- 고인쇄박물관
- 충청도
- 광릉수목원
- 국립공주박물관
- 국립경주박물관
- 국립고궁박물관
- 국립민속박물관
- 국립서울과학관
- 국립중앙박물관
- 남산골 한옥마을
- 농업박물관
- 롯데월드민속박물관
- 충청도
- 서대문자연사박물관
- 성균관
- 세종대왕기념관
- 수원화성
- 시민안전체험관
- 시장 체험 / 신문박물관
- 경기도
- 강원도
- 경상북도
- 옹기민속박물관
- 운현궁과 인사동
- 육군사관학교
- 이화여대자연사박물관
- 전라북도
- 전쟁박물관
- 창경궁 / 천마산
- 천문대
- 태백석탄박물관
- 한강
- 한국민속촌
- 해인사 고려대장경과 장경판전
- 화폐금융박물관
- 중남미문화원
- 첨성대
- 절두산순교유적지
- 천도교 중앙대교장
- 한국에너지기술연구원
- 한국자수박물관
- 초전섬유퀼트박물관

6학년 1학기 (36곳)

- 경기도박물관
- 경복궁
- 덕수궁과 정동
- 경상북도
- 고성 공룡박물관
- 국립민속박물관
- 국립서울과학관
- 국립중앙박물관
- 농업박물관
- 롯데월드민속박물관
- 몽촌토성과 풍납토성
- 민주화현장
- 백범기념관
- 서대문자연사박물관
- 서대문형무소 역사관
- 서울역사박물관
- 조선의 왕릉
- 성균관
- 시민안전체험관
- 경상북도
- 암사동 선사주거지
- 운현궁과 인사동
- 전쟁기념관
- 천문대
- 철새
- 청계천
- 짚풀생활사박물관
- 태백석탄박물관
- 해인사 고려대장경과 장경판전
- 호림박물관
- 유니세프 한국위원회
- 무령왕릉
- 현충사
- 덕포진교육박물관
- 서울대학교 의학박물관
- 상수허브랜드

6학년 2학기 (39곳)

- IT월드(과천정보나라)
- KBS 방송국
- 경기도박물관
- 경복궁
- 경희대자연사박물관
- 광릉수목원
- 국립민속박물관
- 국립중앙박물관
- 국회의사당
- 기상청
- 남산
- 남산골 한옥마을
- 대법원
- 대학로
- 민주화현장
- 백범기념관
- 아인스월드
- 서대문자연사박물관
- 국립서울과학관
- 서울숲
- 신문박물관
- 양재천
- 월드컵공원
- 육군사관학교
- 이화여대자연사박물관
- 중남미박물관
- 짚풀생활사박물관
- 창덕궁
- 천문대
- 우포늪
- 판소리박물관
- 한강
- 홍릉 산림과학관
- 화폐금융박물관
- 훈민정음
- 상수도연구소
- 한국자원공사
- 동대문소방서
- 중앙119구조대